Novos movimentos
religiosos

Coleção **TEMAS DO** *Ensino Religioso*

I. Pressupostos do Ensino Religioso
1. Que é religião?
2. Religião e ciência
3. Religião e interdisciplinaridade
4. Ensino religioso: aspecto legal e curricular
5. Educação e religiosidade

II. Questões Fundamentais
1. O sagrado
2. Narrativas sagradas
3. Ritos: expressões e propriedades – Maria Angela Vilhena
4. A ética
5. Como a religião se organiza: tipos e processos – João Décio Passos

III. Tradições Religiosas
1. Catolicismo brasileiro
2. As constelações protestantes
3. Pentecostais: origens e começo – João Décio Passos
4. Religiões indígenas e afro-brasileiras
5. Religiões orientais no Brasil
6. Novos movimentos religiosos: o quadro brasileiro – Silas Guerriero
7. Espiritismos

IV. Temas Contemporâneos
1. Pluralismo religioso: as religiões no mundo atual – Wagner Lopes Sanchez
2. Fundamentalismo ontem e hoje
3. Sincretismo religioso
4. Em que crêem as tribos urbanas?
5. O uso dos símbolos: sugestões para a sala de aula – Maria Celina de Queirós Cabrera Nasser

SILAS GUERRIERO

Novos movimentos religiosos

O quadro brasileiro

Dados Internacionais de Catalogação na Publicação (CIP)
(Câmara Brasileira do Livro, SP, Brasil)

Guerriero, Silas
    Novos movimentos religiosos : o quadro brasileiro / Silas
Guerriero. — São Paulo : Paulinas, 2006. — (Coleção temas do
ensino religioso)

    Bibliografia.
    ISBN 85-356-1757-4

    1. Antropologia social – Brasil 2. Educação religiosa 3. Reli-
giões modernas – Brasil I. Título. II. Série.

06-2184   CDD-306.60981

Índices para catálogo sistemático:

1. Brasil : Novos movimentos religiosos : Antropologia social 306.60981
2. Movimentos religiosos novos : Brasil : Antropologia social 306.60981

A coleção *Temas do Ensino Religioso* é uma iniciativa
do Departamento de Teologia e Ciências da Religião da PUC-SP

Direção-geral: *Flávia Reginatto*
Editores: *Afonso Maria Ligorio Soares e Luzia Sena*
Copidesque: *Cristina Paixão Lopes*
Coordenação de revisão: *Andréia Schweitzer*
Revisão: *Anoar Jarbas Provenzi*
Direção de arte: *Irma Cipriani*
Gerente de produção: *Felício Calegaro Neto*
Projeto gráfico e capa: *Telma Custódio*

Nenhuma parte desta obra poderá ser reproduzida ou transmitida
por qualquer forma e/ou quaisquer meios (eletrônico ou mecânico,
incluindo fotocópia e gravação) ou arquivada em qualquer sistema ou
banco de dados sem permissão escrita da Editora. Direitos reservados.

Paulinas

Rua Pedro de Toledo, 164
04039-000 – São Paulo – SP (Brasil)
Tel.: (11) 2125-3549 – Fax: (11) 2125-3548
http://www.paulinas.org.br – editora@paulinas.org.br
Telemarketing e SAC: 0800-7010081

© Pia Sociedade Filhas de São Paulo – São Paulo, 2006

SUMÁRIO

Apresentação da coleção 7

Introdução
Alguma coisa nova está acontecendo 13

I. O que são novos movimentos religiosos? 19

II. O contexto sociocultural e o surgimento
das novas religiões 47

III. As características dos novos movimentos religiosos 73

IV. As novas religiões na sociedade brasileira 91

Considerações finais 109

Apêndice
Novos movimentos religiosos: alguns exemplos 111

Bibliografia 133

APRESENTAÇÃO DA COLEÇÃO

Com este livro do antropólogo Silas Guerriero chegamos ao sexto volume da Coleção *Temas do Ensino Religioso* e mantemos a disposição de prestar um serviço qualificado em benefício da formação integral de nossa juventude. O Departamento de Teologia e Ciências da Religião (DTCR) da Pontifícia Universidade Católica de São Paulo (PUC-SP) contribui, assim, com um projeto mais vasto que, pelo menos, desde a criação do Fonaper — Fórum Nacional Permanente do Ensino Religioso (1995) — tem-se pautado pela garantia da disciplina *Ensino Religioso* (ER) na formação básica do cidadão. Para tanto, somamos esforços no apoio aos docentes da disciplina, incentivando sua capacitação específica. A equipe do DTCR está altamente qualificada para o projeto, uma vez que une a prática de educadores que já desenvolvem o Ensino Religioso em muitas escolas do país com a pesquisa que vários profissionais das Ciências da Religião vêm desenvolvendo no âmbito universitário. Aos poucos, a coleção vem satisfazendo a demanda por obras na área e com esta perspectiva, além de contar, desde o início, com o total apoio de Paulinas Editora, de notório e reconhecido protagonismo na área.

Os principais objetivos da coleção são: proporcionar aos docentes o conhecimento dos elementos básicos do fenômeno religioso a partir da experiência dos alunos; expor e analisar o papel das tradições religiosas na sociedade e na cultura; contribuir com a compreensão das diferenças e semelhanças entre as tradições religiosas; refletir sobre a relação entre os valores éticos e práticas morais e as matrizes religiosas presentes na sociedade e na cultura; apresentar a religião como uma referência de sentido para a existência dos educandos e como um fator condicionante para sua postura social e política; elucidar a problemática metodológica, curricular e legal do ER; e, finalmente, explicitar os processos de constituição, identificação e interação das denominações religiosas em seus diferentes contextos.

Os livros foram pensados como subsídio para a formação de docentes de ER e de disciplinas afins do ensino fundamental e médio. Sabemos da importância de uma formação que prepare especificamente para o ER e é inegável a carência de material adequado e de publicações academicamente qualificadas. Portanto, cremos ser bastante oportuna uma série que contemple as grandes temáticas e as enfoque diretamente para quem ensina ER.

O olhar que lançamos sobre o fenômeno religioso não é confessional nem pertence a esta ou aquela "teologia". Os temas estudados têm como base epistemológica as Ciências da Religião. Esta abordagem possibilita a análise diacrônica e sincrônica do fenômeno religioso, a saber, o aprofundamento das questões de fundo da experiência e das expressões religiosas, a exposição panorâmica das tradições religiosas e as suas correlações socioculturais. Trata-se, portanto, de um enfoque multifacetado que busca luz na Fenomenologia, na História, na Sociologia, na Antropologia e na Psicologia da Religião, contemplando, ao mesmo tempo, o olhar da Educação. Além de fornecer a perspectiva, a área de conhecimento das Ciências da Religião favorece as práticas do respeito, do diálogo e do ecumenismo entre as religiões. Contribui, desse modo, com uma educação religiosa de caráter transconfessional que poderá incidir na formação integral do ser humano.

A coleção orienta-se, fundamentalmente, pelos Parâmetros Curriculares do ER do Fonaper. Embora não tendo força de lei, tais balizas significam um consenso construído por profissionais e especialistas da área numa perspectiva epistemológica e política que define as bases teóricas e metodológicas do ER, superando as abordagens e práticas confessionais de recorte catequético ou teológico. Nesse sentido, as publicações atendem aos eixos que regem os Parâmetros: *culturas e tradições religiosas* (e suas inter-relações); *teologias* (estudo da concepção do transcendente); *textos sagrados e tradições orais* (significado da palavra sagrada no tempo e no espaço); *ritos* (entendimento das práticas celebrativas); *ethos* (vivência crítica e utópica da ética humana a partir das tradições religiosas).

Nossos autores abordam esses eixos em duas direções: como questão transversal, implícita ou explícita nas temáticas de cada monografia, mas também como abordagem direta nos seus referidos títulos. Além disso, o conjunto dos títulos visa apresentar as questões epistemológicas de fundo dos próprios Parâmetros — a problemática da ciência, a educação, a interdisciplinaridade, a legislação do ER, a definição de Religião —, bem como expor as grandes tradições religiosas que compõem de modo particular o campo religioso brasileiro.

Para dar conta dos eixos acima descritos, organizamos a coleção em quatro seções, abrangendo os pressupostos teóricos, metodológicos e pedagógicos do ER e dos próprios Parâmetros

Nacionais, as questões estruturantes das religiões, as principais tradições religiosas presentes no Brasil, e alguns temas contemporâneos relacionados aos processos de relação e identificação religiosa. Os títulos das seções respondem às questões básicas que as constituem, mas poderão, futuramente, acolher outros temas relevantes e complementares. Assim, a seção *Pressupostos* trata das questões de fundo, a saber, definições, teorias, paradigmas e sujeitos envolvidos no fenômeno religioso. Em *Questões fundamentais* são enfocadas as constantes ou elementos constitutivos das tradições religiosas, tendo por parâmetro a Fenomenologia da Religião. A seção *Tradições religiosas* apresenta as matrizes e instituições predominantes no campo religioso brasileiro, sem esquecer, é claro, de denominações importantes no panorama mundial. E, finalmente, a seção *Temas contemporâneos* aborda alguns processos que dinamizam as religiões.

Outro cuidado foi oferecer textos em linguagem acessível, sem hermetismos acadêmicos, com alusões internas a autores e obras fundamentais, com poucas e sucintas notas de rodapé. Ao final de cada capítulo, são propostas duas ou três questões para o estudo e debate, e indicadas algumas obras para aprofundamento. No fim do volume, encontra-se a referência bibliográfica completa.

Por fim, só nos resta agradecer a todas as entidades que tornaram possível esta realização e ao professor Silas Guerriero, que assina o presente volume, cuja qualidade certamente contribui com nossa meta de atingir e satisfazer o público preferencial. Renovamos, outrossim, o compromisso de manter a coleção em contínuo processo de construção socializada dos temas.

Dessa forma, são bem-vindas críticas, sugestões e pedidos de esclarecimento, a fim de que possamos aprimorar a qualidade dos demais lançamentos e de eventuais reedições daqueles já vindos a público.

DR. AFONSO MARIA LIGORIO SOARES – PUC-SP
Coordenador da Coleção *Temas do Ensino Religioso*

INTRODUÇÃO

ALGUMA COISA NOVA ESTÁ ACONTECENDO

Estamos acostumados a pensar em religião como algo perene, ligado às tradições mais antigas e portador de uma verdade ancestral que não pode ser modificada ou colocada sob suspeita. Qualquer inovação e surgimento de uma nova religião, principalmente se esta seguir padrões muito diferentes daquilo que consideramos comum, levanta logo uma suspeita de que se trata de algo falso. Pior ainda se essa religião praticar rituais exóticos e converter a nossa juventude. Rapidamente será acusada de enganar as pessoas e fazer lavagem cerebral.

Ora, mas o que realmente acontece com essas novas religiões? Serão elas todas falsas ou, ainda, seitas perigosas? Será que estes são sinais de um tempo em que a sociedade perdeu seus valores e se encontra em meio a uma crescente fragmentação e dissolução dos laços de solidariedade? Ou será que podemos enxergar nessas novas religiões algo de bom e verdadeiro?

Alguma coisa está acontecendo no campo religioso. Essa novidade não está restrita apenas ao Brasil ou aos países da Europa Ocidental e da América do Norte. Também em muitos países da Ásia, como Japão e Coréia, do Leste Europeu ou, ainda mais recentemente, da África, a religião passa por grandes transformações. Como entender esse fenômeno e, até mais que isso, como nos posicionar diante dele?

Compreender os novos movimentos religiosos não é uma tarefa tão simples, a começar pelo próprio conceito do que é ou não uma religião. Muito do que acontece de novo no campo das crenças e das práticas religiosas foge da nossa concepção usual de religião. Essa nossa visão está muito ligada à idéia de Igreja, principalmente a cristã, haja vista a influência que o cristianismo exerceu, e ainda exerce, na nossa sociedade. Como levar em consideração, em um estudo sobre religiões, determinadas técnicas de meditação que poderiam simplesmente ser classificadas como da área das psicologias? Logo perceberemos, porém, que as fronteiras aqui não são delimitadas satisfatoriamente e que a tal meditação pode fazer parte de um conjunto de práticas que visa à elevação espiritual do indivíduo. Dessa maneira, já estaríamos novamente no campo das crenças e, portanto, diante do nosso objeto de estudo. Muito do que veremos neste livro pode ser entendido como algo que faz parte de um campo mais amplo: o das religiosidades. Também o termo "novo", que aparece no início da expressão, guarda controvérsias. O que podemos ou não considerar uma novidade não é tão simples como parece à primeira vista. Se toda religião foi nova um dia (e o cristianismo não foge à regra), quando é que podemos considerar que o deixou de ser? O que é, realmente, um novo movimento religioso?

O termo "novos movimentos religiosos", muitas vezes simplificado no uso das iniciais, NMR, mistura-se com outros também utilizados pelos estudiosos, como novas religiões, novas religiosidades e espiritualidades, religiões alternativas e Nova Era. Além disso, confunde-se com os conceitos de seita e culto. Trazendo alguns complicadores de ordem técnica ou uma conotação que pode ser até pejorativa, os termos *seita* e *culto* não têm sido utilizados com freqüência, salvo pelos meios de comunicação ou por integrantes de alguma Igreja que procura desmerecer sua concorrente (seita é a religião do outro!). Nesse sentido, precisaremos nos deter com um pouco mais de atenção nos significados dessas terminologias.

O que acontece no campo religioso hoje, longe de ser um movimento único, organizado, com filosofia e propósitos definidos, tem muito mais a ver com a idéia de mudança, algo em constante movimento. A religião não fica mais somente na igreja e na comunidade original, mas se desloca para outros lugares, assume novas feições e formas de vivência. Cresce enormemente o número de religiões agora ao alcance da escolha e livre opção do indivíduo e não mais como uma herança recebida dos pais ou imposta pela sociedade. A religião encontra-se "em tudo", penetrando as múltiplas dimensões da vida do sujeito, do cuidado com a saúde à busca de novos laços societários, ampliando as experiências singulares e realçando as adesões provisórias. Essa religiosidade difusa indica um afrouxamento das fronteiras rígidas de antes. Um indivíduo que tenha optado por uma dessas novas religiosidades passa a dar menos importância aos referentes ancorados na tradição familiar e na herança de sua cultura para se deslocar em busca de novos caminhos, em uma "viagem" interior na qual a salvação encontra-se dentro de si mesmo.

É claro que as Igrejas e religiões tradicionais não sumiram. Pelo contrário, permanecem atuando fortemente na sociedade. A sociedade brasileira continua majoritariamente cristã. Apesar da imensa variedade de novas opções religiosas trazidas pelos novos movimentos religiosos, a diversidade em termos de distribuição da população pelas diferentes agências é pequena. As novas religiões enriquecem a paisagem religiosa com suas práticas exóticas e suas roupagens coloridas, mas recebem um número relativamente pequeno de adesões. Ou seja, é significativamente pequeno o número de pessoas que seguem essas novas religiões. Por outro lado, é grande a visibilidade delas na composição religiosa da nossa sociedade.

Os novos movimentos religiosos causam intensa polêmica em várias localidades. Alguns países europeus chegam a colocar como política de Estado a ação contra as atividades de grupos religiosos, ferindo até o pressuposto da liberdade religiosa. Uma grande preocupação é emanada das famílias dos adeptos e convertidos, que sentem que seus filhos foram vítimas de cooptação à força por lideranças inescrupulosas. Inicialmente nos Estados Unidos e depois em países da Europa Ocidental, surgiram grupos anticultos especializados em "libertar" os membros familiares que teriam sofrido lavagem cerebral. Esses grupos desenvolveram, inclusive, técnicas de desprogramação cerebral e contam com um forte apoio dos meios de comunicação e da sociedade em geral. No Brasil, o quadro é bastante diferente. Salvo pequenas atuações discriminatórias e até ofensivas, gozamos de uma efetiva aceitação das novas religiões. Poucas são, aliás, as ações de familiares contra grupos religiosos que porventura tenham cometido algo contra seus filhos.

Nossa preocupação, neste trabalho, é oferecer subsídios que possam ajudar na compreensão das mudanças em curso no campo religioso brasileiro e, inclusive, na diminuição dos preconceitos e intolerâncias para com essas formas religiosas alternativas. Não temos dúvidas de que o conhecimento sobre o outro, entendido como todo indivíduo ou grupo que partilha de um pensamento diferente do nosso, permite não apenas um convívio mais humano, fundamentado no diálogo, como também um aprendizado sobre nós mesmos.

No primeiro capítulo procuraremos definir o que são os novos movimentos religiosos e apresentar a imensa variedade deles. Para auxiliar na compreensão do que é novo no campo religioso, faremos uma incursão nos conceitos de seita e de Igreja. O capítulo trata, também, da questão da visibilidade e do número de adeptos dessas novas religiões.

O segundo capítulo discute o contexto sociocultural que tornou possível essa efervescência de novas religiosidades, novas crenças, secularização e reencantamento do mundo. Enfim, o que mudou e qual é o pano de fundo do pensamento desses setores sociais? Será possível falar em uma nova consciência religiosa? Até que ponto podemos afirmar que a sociedade passa por uma transformação nas espiritualidades e em seu sistema de crenças? Essas são algumas perguntas que norteiam a discussão desse capítulo.

Feita uma apresentação do que são esses novos movimentos religiosos e do contexto em que surgem, podemos analisar suas características, tanto sociais como religiosas, com maior profundidade. É o tema do terceiro capítulo. Além disso, é preciso verificar o processo de conversão ou a adesão de uma pessoa a uma nova religião.

Finalmente, vamos voltar nosso foco para a sociedade brasileira e procurar enxergar os componentes dessas novas religiões entre nós. É comum ouvirmos afirmações de que o Brasil é um país bastante rico em termos religiosos, pois a variedade de opções é enorme. Procuraremos traçar uma tipologia entre os novos movimentos religiosos brasileiros que nos ajude a perceber o que está ocorrendo de novo no campo religioso. É preciso levar em conta que há duas tendências sempre presentes entre essas novas religiões. Nesse sentido, procuraremos compreendê-las dentro de um constante jogo entre o fundamentalismo e o relativismo. Uma breve explanação sobre a Nova Era se faz necessária, pois, apesar de incluída entre os novos movimentos religiosos, está muitas vezes longe daquilo que chamamos de religião. É tão grande a visibilidade social da Nova Era que muitos acreditam ser sinônimo de novos movimentos religiosos, esquecendo-se de vários grupos mais fechados que em nada se assemelham às suas características.

O QUE SÃO NOVOS MOVIMENTOS RELIGIOSOS?

OBJETIVOS

- Definir o que são Novos Movimentos Religiosos.
- Apresentar a enorme diversidade existente entre os NMRs.
- Levar à compreensão de que não é por ser nova que uma religião é falsa.

SUBSÍDIOS PARA APROFUNDAMENTO

O surgimento de novas religiões

Falar dos novos movimentos religiosos no Brasil implica, antes de tudo, definir o que estamos denominando por novas religiões. Em geral, temos por hábito de análise distinguir os novos movimentos religiosos pelo exotismo e distanciamento de suas mensagens e símbolos diante dos padrões culturais estabelecidos. Quanto maior a ruptura, mais nítido seria o caráter de novidade desse movimento. Esse caráter de novo seria dado não tanto pelo tempo, mas mais pela diferença teológica com as grandes religiões. Ora, quantas são as religiões? Quantas são aquelas verdadeiramente sérias?

Claro que não há respostas conclusivas. É praticamente impossível responder a essas perguntas. Alguns estudos apontam para um número entre 40 a 50 mil religiões diferentes no mundo inteiro, sendo que, dessas, a maioria seria uma variação, como uma seita, do próprio cristianismo. Esse número parece exagerado, mas por outro lado precisamos ter em conta que a maioria das novas religiões tem vida extremamente curta. Centenas delas, ou até mesmo milhares, surgem e desaparecem a cada ano. Nossa estatística nunca será, portanto, definitiva. No último censo demográfico brasileiro, de 2000, à pergunta feita pelo entrevistador, "Qual a sua religião ou culto?" — portanto uma pergunta aberta — colheram-se 35 mil respostas distintas. A partir daí, o IBGE (Instituto Brasileiro de Geografia e Estatística), assessorado pelo ISER (Instituto de Estudos de Religião, uma organização que reúne estudiosos do fenômeno religioso), agrupou todas essas denominações em mais de 120 classificações que podem ser distribuídas em nove grandes blocos religiosos.

Quando pensamos nas grandes religiões mundiais, pensamos logo no cristianismo, islamismo, budismo, hinduísmo, judaísmo e outras que, juntas, não passam de 20 denominações. As novas religiões seriam, então, tanto aquelas que fogem completamente dos modelos dessas grandes religiões como também os novos grupos surgidos do interior delas, trazendo novas mensagens e caminhos diferentes para atingir a salvação ou plenitude. Mas pode ser, ainda, uma mistura entre duas ou mais das religiões estabelecidas. Vale lembrar que dificilmente uma religião surge do nada, de uma revelação nova, ou da mente de um líder criativo que traz uma novidade jamais vista antes. Praticamente todas surgem a partir daquelas já existentes, como uma ruptura ou oposição praticada por pessoas que acreditam que sua religião não é mais verdadeira, se corrompeu ou fugiu dos princípios e não é mais fiel à revelação original. A partir daí, funda-se uma nova corrente que traz um novo caminho.

Todas as religiões estão enraizadas em uma dada sociedade e são expressões das visões de mundo e da maneira de viver de grupos sociais concretos. Nesse sentido, não podemos dizer que existam religiões verdadeiras ou religiões falsas. Afirmações dessa natureza têm contribuído para muitas desavenças entre povos, levando, às vezes, à segregação ou até mesmo a guerras e alimentando o ódio, muitas vezes presente, contra as seitas em geral. Por mais estranhas ou exóticas que possam parecer, todas as formas religiosas são coerentes com o modo de vida de um povo. Isso não quer dizer que devamos aceitar, de olhos fechados, o que elas fazem. Claro que há distorções no meio de tantas novas religiões. Há aqueles que, utilizando um meio religioso, procuram incutir o mal e agir com violência, como algumas seitas que se autoproclamam malignas, satânicas ou outras do gênero. Não devemos confundir um relativismo que reconhece as diferenças e serve para diminuir as intolerâncias ou etnocentrismos, que prega que devemos procurar compreender o outro a partir não dos nossos valores mas da perspectiva desse outro, com um relativismo de ausência de normas e valores, em que tudo seria permitido. O teólogo Hans Küng lembra que é preciso reconhecer valores humanos fundamentais e que as religiões que não os respeitam devem ser questionadas.[1]

Durante algum tempo, procurou-se definir os novos movimentos religiosos a partir das crises sociais. Uma vez que as novas religiões surgiriam das insatisfações de certos grupos com os rumos que sua religião empreendia, e esses incômodos eram sinais de mudanças internas ou crises, então a multiplicação de novas religiões seria um reflexo das crises sociais que atingiam as religiões provocando mudanças e rupturas. Não podemos negar que as mudanças sociais provocam, por conseqüência, mudanças religiosas. Mas talvez a questão não seja necessariamente advinda de uma crise. Se assim fosse, teríamos de concordar que estamos em uma eterna crise, pois as mudanças nunca terminam.

Vivemos hoje em uma sociedade que, além de tudo, valoriza a mudança. Temos acesso cada vez mais rápido e fácil às informações das mais variadas visões e vivências. Nosso repertório de símbolos sagrados (utilizando aqui uma denominação comum das ciências sociais da religião) é cada vez mais vasto e diversificado. Quando alguém, na sociedade brasileira, rompe com sua tradição religiosa, pode lançar mão de inúmeros símbolos vindos das mais diferentes épocas ou sociedades. Das tradições druídicas do antigo povo celta às práticas xamânicas das tribos siberianas, tudo está ao alcance, mesmo que vulgarizado e lido de maneira superficial, em um simples clicar de botão do computador que acessa a rede mundial da Internet. É a globalização da religião. Claro que as religiões sempre ultrapassaram fronteiras, e o cris-

---

[1] KÜNG, H. *Projeto de ética mundial*, pp. 110-118.

tianismo é exemplo disso, mas agora não é preciso esperar pela chegada do missionário. O próprio indivíduo busca sua nova religião de dentro do próprio quarto.

A vida social é, também, cada vez mais complexa. O século XX presenciou profundas transformações de ordem das estruturas sociais. Se em 1900 apenas 9% da população mundial vivia nas cidades, hoje esse percentual ultrapassa a metade, sendo que em muitos países mais de 90% habitam os centros urbanos. O Brasil não foge à regra. Mais de 80% de nossa população vive nas cidades. As distâncias culturais estão cada vez menores. A vida urbana moderna possibilita a troca mais intensa de informações e uma diversidade cada vez maior. Isso tem profundos reflexos no âmbito religioso. As religiões não estão mais separadas ou isoladas. Ninguém mais passa sua vida inteira sob a influência ou contato de uma única religião. Até mesmo o indígena de uma aldeia distante acaba tendo contato com a vida urbana e pode facilmente começar a freqüentar uma nova Igreja evangélica na qual o pastor pode falar coisas que, muitas vezes, naquele momento, ele quer e precisa ouvir. Na atual sociedade moderna, temos contato com as grandes religiões tradicionais, com as antigas civilizações e com toda e qualquer forma nova de vivência religiosa.

Todas essas alterações na maneira de viver possibilitaram o surgimento de novas religiões como nunca visto anteriormente. E é justamente na segunda metade do século passado que esse fenômeno de expansão das novas religiões se fez mais presente. No Brasil isso aconteceu talvez um pouco mais tardiamente, a partir da década 1970, mas o fenômeno foi o mesmo.

Quantos são os adeptos das novas religiões?

Falamos anteriormente de quantas religiões novas existem. Ao menos apontamos para alguns números, pois, como vimos, exigir exatidão é praticamente impossível. Trata-se, agora, de olhar um pouco para outro aspecto igualmente importante. Quantas são, realmente, as pessoas que praticam essas novas religiões? Seria este um fenômeno de massa, que arrebata as multidões promovendo profundas mudanças no cenário religioso, ou sua inserção na sociedade, e daí sua relevância política e social, é praticamente desprezível? De certa forma, o pequeno número de praticantes e adeptos dessas novas religiões pode ter contribuído para o fato de muitas vezes as análises, no âmbito dos estudos das religiões no Brasil, terem sido sempre marginais e em escala reduzida. Para muitos, era mais relevante pensar no que o povo fazia com sua religiosidade, dando ênfase aos estudos do catolicismo, pentecostalismo ou das religiões afro-brasileiras. Essas, sim, mobilizavam milhões de pessoas. Mas quantos são, efetivamente, aqueles que estão envolvidos com as novas religiões?

Em termos mundiais, segundo os dados da *Enciclopédia Britânica*, mais de 80% da população mundial continua adepta das grandes religiões tradicionais. Cerca de 16% se dizem sem religião ou ateus e somente 3,4% se declaram de outras religiões não tradicionais (aí incluídos os novos movimentos religiosos, as religiões tribais e outras). É bem verdade que esse número é aproximado, pois muitos países não possuem censos populacionais e fazem suas estatísticas a partir de estimativas. Além disso, convém lembrar que aqueles que se declaram ateus são muito poucos e que a maioria dos que dizem não possuir religião é, na verdade, crente de formas variadas de religiosidade. Assim, os fiéis das novas religiões podem estar, também, entre os sem religião e, se considerarmos as seitas cristãs, budistas ou hinduístas como novas religiões, bem poderiam fazer parte das estatísticas daqueles que se declaram adeptos dessas grandes religiões. De toda forma, apesar da inexatidão dos números, podemos afirmar que são muito poucos. Há algumas exceções, como o Japão, por exemplo, onde mais de 30% da população é adepta de novas religiões, ou mesmo o continente africano, onde, com a expansão de novas religiões, inúmeras pessoas abandonam suas religiões tradicionais e aderem a novos grupos, principalmente cristãos ou islâmicos.

No caso brasileiro, apesar do censo aplicado a toda a população, os dados nem sempre auxiliam nossa tarefa. A começar pelas próprias categorias utilizadas pelo IBGE. Muitos dos que chamamos de NMRs (Novos Movimentos Religiosos), como os esotéricos, estão agrupados nas "outras religiosidades" e aí, claro, juntam-se a outras como "religiosidade mal definida", ou mesmo uma bem definida, mas que nada tem de nova. De toda maneira, podemos daí tirar algumas pistas. Em 1950, as outras religiões agrupavam 0,4% da população. Em 2000, esse número atinge 1,6%. Quadruplicou em termos relativos! Além disso, as religiões orientais, 0,2% no Brasil, podem acolher, também, alguns dos adeptos dos NMRs. Mas é nos "sem religião", 7,4% da população brasileira, que podemos encontrar o maior número de seus adeptos. Há uma tendência, hoje, em negar o pertencimento a uma instituição religiosa e afirmar a autonomia do sujeito, livre do comando de qualquer tipo de autoridade religiosa. Assim, muitos dos que responderam "sem religião" ao IBGE podem, em tese, ter alguma prática e algumas crenças, principalmente aquelas ligadas ao desenvolvimento do corpo e da mente. Infelizmente, esses dados não nos chegam pelo censo. Outro elemento importante é o da "dupla definição". Muitos dos que se afirmam católicos podem fazer parte dos contingentes das novas religiões. É comum, no Brasil, declarar-se católico, mas praticar outras religiões. Os adeptos da Nova Era, por exemplo, podem muito bem se dizer católicos, pois assim identificam suas heranças, mas agir em termos de uma religiosidade pessoal e considerando Deus a energia que cada um traz consigo mesmo. Isso deve acontecer, também, entre os praticantes do zen-budismo. Entre estes, nem todos se definem como budistas e deve haver muitos católicos praticando meditação zen. Só algumas das novas religiões exigem uma definição clara de pertencimento. Portanto, seus adeptos podem estar espalhados por muitas das categorias do censo. Seria necessária uma pesquisa que olhasse para além da denominação afirmada pelo sujeito e fosse em busca de seu universo de crenças e de suas práticas costumeiras.

No censo, só podemos encontrar algumas pistas que nos indicam a presença das novas religiões, mas no campo empírico a visibilidade é evidente.

Em suma, assim como no mundo todo, também no caso brasileiro ficamos sem saber com maior precisão o número de adeptos dos NMRs. Da mesma maneira, podemos afirmar que esse número é pequeno e passaria despercebido não fosse o aspecto exótico e diferente que causa espanto por se afastar das práticas costumeiras das grandes religiões.

Da década de 1960, quando as novas religiões começaram a surgir em maior número, até o presente momento, só aumentaram sua presença e visibilidade. Não há quem, morador de pequenas, médias ou grandes cidades brasileiras, não tenha consciência da existência de um número cada vez maior dessas novas religiões. O avanço na mídia é inequívoco. De assunto debatido em programas de entrevistas na televisão chegou até a ser tema central de novela em horário nobre na maior rede do País. Se antes ficava restrito a seus poucos adeptos, hoje faz parte do universo cultural e religioso brasileiro. Não há nenhum constrangimento na participação e na exposição de suas crenças e convicções.

A variedade encontrada também é marcante. Desde pequenas lojas de artigos esotéricos e entrepostos de produtos naturais, passando por clínicas de medicina alternativa, até chegar a grandes religiões estruturadas em moldes institucionais, como a ISKCON (Sociedade Internacional para a Consciência de Krishna, ou simplesmente movimento *hare krishna*) e outras do gênero.

Seita, culto ou novos movimentos religiosos

Temos tratado, até aqui, de novas religiões, seitas, Nova Era, NMRs e já percebemos que estamos, no fundo, falando de coisas muitas vezes extremamente diferentes. Esse é um problema do conceito de novos movimentos religiosos, que tenta dar conta de tudo o que é novo e diferente no campo religioso. Mas, devido à própria diversidade das religiões atuais, podemos facilmente nos perder.

Um conceito não pode abarcar uma variedade tão grande assim de elementos constitutivos, sob pena de não servir mais. Faz-se necessário, no entanto, um breve delineamento do uso que fazemos dele. Trata-se de um conceito difuso e muitas vezes elástico. A começar pelo próprio termo "novos movimentos religiosos", muitas vezes vago e impreciso. No entanto, alguns consensos podem, e devem, ser encontrados.

O conceito de novos movimentos religiosos está diretamente relacionado ao de seita ou culto. Para alguns estudiosos, esses dois termos são utilizados indistintamente e definem um agrupamento religioso diferente daqueles tradicionais, geralmente nascidos a partir de um protesto contra uma ordem estabelecida. Os termos *seita* e *culto* representam uma ruptura, uma separação diante das crenças, práticas e instituições religiosas. Em geral rechaçam a autoridade dos líderes ortodoxos, colocando sob suspeita a representatividade destes diante dos serviços religiosos, bem como a da própria instituição. Em geral, toda religião, em seu início, foi uma seita. Assim, o próprio cristianismo foi uma seita judaica.

A seita ou culto é um grupo religioso pouco estruturado, agrupado em torno de um líder carismático que traz, em geral, uma mensagem de inovação. O compromisso do fiel para com a seita é voluntário, pois se trata de uma adesão que este faz rompendo com seu passado religioso. Muitas vezes essa ruptura é radical, implicando um isolamento e crítica ao mundo exterior e às outras práticas religiosas. O comportamento sectário é rígido na disciplina e por vezes obriga o convertido a assumir uma nova identidade, divergindo das demais pessoas pelo uso de vestimentas próprias, novo corte de cabelo e, inclusive, um novo nome. Apesar da adesão ser voluntária, seu ingresso no novo grupo passa por uma seleção por parte dos integrantes da seita. Só são admitidos aqueles voluntários que demonstram comprometimento e convicção. O grupo também conta com certos procedimentos que garantem a possibilidade de expulsar os membros que não se comportarem de acordo com as normas, cujo compromisso não esteja à altura das exigências da seita. Os fiéis que pertencem a uma seita põem sua fé acima de tudo e acabam ordenando suas vidas de acordo com os princípios estabelecidos pelo grupo religioso. Nesse sentido, afastam-se dos fiéis de uma religião tradicional, que procuram fazer com que sua fé combine com outros elementos e interesses, acomodando a religião às exigências da sociedade secular.

Os escritores de língua inglesa utilizam mais o termo *culto* do que seita, mas o sentido permanece inalterado. Por outro lado, há estudiosos que fazem uma separação entre seita e culto. Enquanto este último é todo novo agrupamento religioso, ainda pouco estruturado, a seita é uma cisão de uma grande religião.[2] Esse uso do termo é mais adequado ao seu significado original. Seita vem do latim *sectare*, que significa "cortar". Porém, indepen-

---

[2] Esta idéia é defendida por STARK & BAINBRIDGE no livro *A theory of religion*.

dente dessa distinção, a maioria dos estudiosos utiliza os termos como sinônimos.

O termo seita foi muito utilizado pela Igreja Católica quando se referia à proliferação de grupos religiosos que se separaram do protestantismo entre o final do século XVIII e a metade do século XIX. Havia o intuito de mostrar uma diferença com relação às Igrejas, fosse católica, ortodoxa ou protestante. Lembramos que o sentido original do termo "Igreja" vem de *ekklesia*, ou seja, assembléia daqueles que pertencem ao Senhor. Essa divisão, que de alguma maneira acabou influenciando os estudiosos, é carregada de conotação pejorativa, pois parte do pressuposto de que Igreja é uma agremiação correta, enquanto seita é menos verdadeira ou, no mínimo, algo menor. Apesar de sociologicamente correto, o termo *seita* tem sido menos utilizado na literatura especializada nos estudos das novas religiões justamente por essa conotação negativa.

O sociólogo alemão Max Weber estudou os conceitos *seita* e *Igreja* como dois tipos ideais. Apesar de ter trabalhado também com as religiões da China e da Índia, sua principal análise de seita em contrapartida a Igreja teve como ponto central as rupturas do cristianismo no Ocidente, em especial o protestantismo ascético. O principal atributo da seita é o de ser uma comunidade voluntária de eleitos. Outra característica importante é seu tamanho, pois apenas a comunidade local poderia julgar, a partir de um exame pessoal, sobre a qualificação ou não de um de seus membros. Isso só poderia se dar em comunidades relativamente pequenas. Uma outra característica da seita descrita por Weber diz respeito ao esforço empreendido na manutenção da pureza da comunhão com o sagrado, exigindo uma disciplina extremamente severa, muito mais rigorosa que a de qualquer Igreja. Weber percebeu que nas seitas protestantes só eram admitidas pessoas cujo modo de vida parecesse eticamente qualificado. Assim, a seita, ao contrário da Igreja na qual se nasce, supõe um certificado de qualificação ética para a pessoa.[3]

Ernest Troeltsch, contemporâneo de Weber, é talvez a maior referência no que se refere ao uso sociológico dos termos seita e Igreja. Esse autor fala da existência da seita e da Igreja a partir das formas de articulação com a sociedade.[4] Para ele, a Igreja promove a estabilidade e a ordem social. Sua atuação abrange toda a sociedade, não distinguindo classe social; porém, para garantir sua sobrevivência como instituição abrangente, necessita se associar às classes dominantes. A seita, ao contrário, está vinculada às classes dominadas ou àqueles elementos da sociedade que se opõem à ordem estabelecida e ao Estado. A Igreja administra a graça e se situa acima dos indivíduos, insistindo em seu caráter de permanência e transcendência. Está integrada ao mundo, à sociedade. Possui divisões internas, hierarquia própria com diferentes graus de compromisso de seus agentes. O clero atua como uma elite. A seita, ao contrário, adota uma atitude de indiferença ou até mesmo de resignação ou animosidade diante do mundo, do Estado e da sociedade. Concede muito maior importância à figura pessoal e sua relação com o sagrado. A seita está em tensão com o mundo. Internamente não permite graus diferenciados, apesar da existência de líderes carismáticos. Busca construir uma comunidade fraterna.

---

[3] Cf. WEBER, M. *A ética protestante e o espírito do capitalismo*, pp. 130-139.
[4] Cf. TROELTSCH, E. *Igrejas e seitas*, pp. 135-144.

Troeltsch avançou ao incorporar um terceiro elemento distintivo das agremiações religiosas, o tipo místico. Este terceiro tipo caracteriza-se por ser uma experiência pessoal, individualista. Os grupos não possuem uma forma rígida ou permanente. Trata-se, mais, de uma religião espiritual, em que a transformação do mundo se dá por meio de uma experiência formal e interior. Essa experiência é a expressão verdadeira de uma consciência religiosa universal baseada no fundamento divino. Por valorizar a experiência pessoal, admite diferentes formas exteriores de atingir a verdade última. Não pretende mudar o mundo, mas sim o interior de cada indivíduo.

Bryan Wilson, ao analisar a tipologia proposta por Troeltsch, reparou que as seitas atuais têm características muito distintas. Não se trata, em primeira instância, de se opor à estrutura social, mas de acentuar certas características deste mundo, aglutinando elementos novos e suprimindo outros. Wilson, no entanto, ressalta alguns pontos que marcam a existência de uma seita. Além do caráter voluntário e da necessidade de conversão para ser membro de um agrupamento desse tipo, o fiel, uma vez aceito no novo grupo, passa a ser visto como "um dos nossos", em um forte apego coletivo. As seitas atribuem a si mesmas um caminho verdadeiro, a única via para chegar à verdade suprema. O indivíduo passa a desconsiderar, portanto, todos os demais compromissos sociais que um dia se fizeram presentes nele, como a família, a tribo, a classe, entre outros.[5]

A autoridade invocada por uma seita pode ser a suprema revelação de um líder carismático, mas pode ser, também, uma

---

[5] Cf. WILSON, B. *Sociología de las sectas religiosas*, pp. 35-49.

releitura ou reinterpretação das Escrituras Sagradas ou, até mesmo, a idéia de que os verdadeiros fiéis obterão a revelação por si mesmos se seguirem os caminhos apontados pelo grupo.

Nem todas as seitas respondem ao mundo da mesma maneira. Em geral, um adepto de uma seita define a salvação por ela proposta como um modo de escapar do mal que aparece no mundo. Mas como será essa salvação e quando ela acontecerá, isso dependerá de cada grupo. Existem distintas maneiras de encarar esse mundo, como se portar diante dele e o que é a libertação. Wilson definiu as seitas a partir das respostas e recusas que cada qual dava ao mundo. Há aquelas seitas "conversionistas", que põem ênfase na conversão do indivíduo. A salvação só poderá ocorrer mediante uma profunda transformação de cada um. Há, também, as seitas "introversionistas" que, em vez de promover uma mudança na pessoa, acredita que a salvação só ocorrerá pelo completo abandono deste mundo. As seitas "manipulacionistas", por sua vez, crêem que a utilização de meios sobrenaturais ou esotéricos e ocultos pode extrair do mundo alguns benefícios, dentre eles, a salvação dos fiéis. Algumas seitas se posicionam de maneira reformista, pois pregam uma reforma para vencer o mal. Essa reforma é fruto da inspiração divina, mas efetuada mediante processos racionais elaborados pelo próprio grupo. Por fim, há ainda as seitas utópicas, que acreditam em um futuro no qual os princípios religiosos fundamentais serão resgatados. Esse futuro depende da ação do próprio grupo, que construiria aqui o reino de Deus, e seus membros encontrar-se-iam a caminho do escrutínio divino.

Essa tipologia foi muito utilizada para descrever os primeiros novos movimentos religiosos, mas depois acabou evidenciando alguns de seus limites. O próprio Bryan Wilson questionou seu esquema em um trabalho publicado mais recentemente.[6] Aqueles movimentos se caracterizavam por possuírem posturas de rejeição, condenação ou separação da sociedade. Buscavam uma via de salvação própria e não a mudança da sociedade como um todo. Porém, o autor, a partir de uma análise dos NMRs contemporâneos, percebeu que estes, ao contrário, não rejeitam a sociedade mais ampla e fazem uso dela para seus próprios interesses. Essas novas religiões passam a se integrar ao *ethos* do mercado da sociedade ocidental. A própria religião passa a ser um bem de consumo que precisa oferecer algum atrativo a clientes potenciais. A separação radical da sociedade não é mais uma marca característica.

Se por muito tempo os sociólogos utilizaram essa dicotomia seita–Igreja como forma de compreender a realidade, aos poucos foram compreendendo que muitos aspectos das novas religiões acabavam ficando de lado. Se para muitas das novas religiões o termo seita ainda cabe, pois se trata, sim, de uma ruptura, uma secção, de uma determinada religião, para outras o conceito está muito distante do que acontece. A própria noção do que pode ou não ser considerado uma religião está em jogo. Junta-se a isso a conotação pejorativa que o termo *seita* foi adquirindo no meio social, principalmente ao ser utilizada como maneira de desprezar a religião do outro e impor a sua como a única verdadeira. Assim, os estudiosos deixaram de pensar tanto em seitas e hoje há uma utilização generalizada do termo NMR.

---

[6] Cf. WILSON, B. & CRESSWELL, J., eds. *New religious movements*. Challenge and response, pp. 3-11.

Novos Movimentos Religiosos:
um termo ambíguo

Os NMRs são extremamente diversos. Se isso dificulta sua própria contagem estatística, mais ainda pode ofuscar nossa compreensão sobre eles. Segundo Eileen Barker, não há uma resposta certa sobre o que é ou não um NMR. As definições são mais ou menos úteis ou, ainda, mais ou menos verdadeiras. Assumindo uma postura pragmática, define um NMR como *novo* se este movimento se tornou visível a partir da Segunda Guerra Mundial, e como *religioso* se oferece não apenas um estamento teológico sobre a existência e sobre as coisas sobrenaturais, mas se se propõe a responder, no mínimo, a algumas questões últimas que tradicionalmente têm sido endereçadas às grandes religiões. Essas questões são basicamente aquelas sobre a existência de uma divindade, sobre o sentido da vida, sobre a existência de vida após a morte ou sobre a existência de mais alguma coisa aos seres humanos que seus corpos físicos.[7]

Os primeiros estudos sobre seitas falavam basicamente dos movimentos surgidos no interior das grandes religiões tradicionais. Em alguns países ainda há uma tendência a enfocar os grupos surgidos de dentro do cristianismo, budismo ou outra grande religião. Hoje, ao menos no Brasil, não é bem assim. Talvez pelo fato da imensa variedade das crenças e até pelo distanciamento diante das matrizes religiosas principais, foi-se definindo NMR como aqueles mais distantes e diferentes.

---

[7] Cf. BARKER, E. New religious movements: their incidence and significance, pp. 15-31.

Quando falamos em NMR, parece não haver dúvidas, portanto, de que não estamos falando das religiões mais tradicionais e fortemente estabelecidas no seio da sociedade. Dificilmente denominaremos uma corrente nova, interna à Igreja Católica, por exemplo, como um novo movimento religioso, mesmo que venha agregar novos personagens não acostumados com a oficialidade dos cultos e crenças tradicionais. Em alguns outros países, por exemplo, o pentecostalismo pode ser visto como enquadrado ao lado dos demais NMRs. Por outro lado, uma religião nova à nossa sociedade, porém enraizada em uma tradição milenar oriental, como o budismo tibetano, será, certamente, denominada NMR. Juntam-se a isso as novas experiências de espiritualidade e ocultismo que, longe das definições correntes de religião, são também chamadas de NMRs. Exemplo típico é o fenômeno, por si só também vago e difuso, da Nova Era. As grandes religiões de outros países, que aqui chegaram com a função de preservação de patrimônio étnico-cultural, como o zen-budismo, transformaram-se em religiões universais a partir de uma conjuntura social de novas religiões. Foram sincretizadas, ressignificadas e reinventadas.

A dificuldade de definição começa pela própria diversidade entre os NMRs. Não há uniformidade em nível de organização e coesão internas. Tudo depende do que consideramos um novo movimento religioso. Incluímos a Nova Era entre eles. Será ela apenas um movimento único e simples, ou compõe-se de inúmeras religiões diversificadas? Consideramos ou não os movimentos internos das grandes tradições, como a prelazia Opus Dei e o movimento Focolares, ambos da Igreja Católica?

E as Igrejas africanas independentes? As *self-religions*, ou religiões pessoais, e os grupos do Potencial Humano são realmente novos movimentos religiosos? Quando o novo é realmente novo? E quando logo pensamos em, por exemplo, Testemunhas de Jeová, como a primeira coisa que vem à mente quando falamos em NMR? Tudo depende do contexto social mais amplo e da definição que dermos para os NMRs.

Uma pista para demarcar o terreno pode vir das próprias iniciais mundialmente conhecidas ("N", "M" e "R"). Alguns autores definem o "Novo" como posterior à Segunda Grande Guerra. Outros, após as décadas de 1950 ou 1960.[8] Ou até mesmo a de 1970.[9] Há sérios inconvenientes em qualquer uma dessas delimitações. Apenas a título de exemplo, ficariam de fora a Soka Gakkai, fundada em 1930, e o movimento iniciado por Krishnamurti, em 1929. Françoise Champion fala dos grupos surgidos após a década de 1960.[10] Afirma que muitos podem até ter surgido antes, mas que permaneceram inexpressivos e desapercebidos até essa data. Muitos dos autores consideram apenas o surgimento desses movimentos na Europa ou América do Norte, definindo seus inícios somente após a Segunda Guerra. Nesse sentido, deixaram de considerar suas origens anteriores em outros locais do planeta. Chryssides propôs um período muito mais amplo, a partir da metade do século XIX, possibilitando,

---

[8] Conforme defendem MELTON, J. G. & MOORE, R. L. no livro *The cult experience; responding to the new religious pluralism*.

[9] BECKFORD, J. defende essa posição no livro *Cult controversies*.

[10] Veja o artigo de CHAMPION, F., *Les sociologues de la post-modernité religieuse et la nébuleuse mystique-ésotérique*.

assim, a inclusão de movimentos como Testemunhas de Jeová, Teosofia e Ciência Cristã.[11] O mesmo realiza Mary Fisher, que define os NMRs como aqueles que surgiram nos dois últimos séculos e continuam até hoje.[12]

Ainda sobre o termo "novo", e agora do ponto de vista dos agentes religiosos, podemos perceber diferentes significações estratégicas, dependendo do local em que se está. Para os conservadores, o novo pode significar uma maneira pejorativa para desmerecer um movimento, dizendo que ele não é sério. Para outros, no entanto, pode ser bandeira de *marketing* anunciando uma novidade a algo que ficou ultrapassado.

Em relação ao "M", Movimento, e ao "R", Religiosos, também há grandes controvérsias. Várias organizações incluídas sobre o rótulo NMR não se enquadram exatamente nas definições clássicas de religião. Podem ser grupos que se autodefinem seguidores de princípios espiritualistas, que rejeitam a organização formal normalmente associada à religião. A própria Nova Era não pode ser classificada como um movimento, pois não há uma organização formal, é composta por uma plêiade de agências por vezes tão diferentes que algumas nem podem ser chamadas de religião. Outros movimentos geralmente incluídos entre os NMRs não são independentes e guardam uma ligação estreita com uma tradição religiosa estabelecida (por exemplo, diversos grupos cristãos). A novidade, nesse caso, está na proposta de um novo comportamento ético e de novos rituais.

---

[11] Cf. CHRYSSIDES, G. D. *Exploring new religions.*
[12] Cf. FISHER, M. *Religion in the Twenty-first Century.*

Podemos agora esclarecer o que entendemos por NMR. Podemos inserir todos os grupos espirituais que são claramente novos em relação às correntes religiosas tradicionais da cultura abrangente e possuem um grau de organização característico de um grupo religioso formal. Como exemplo, podemos citar "A Família" e "Os Mórmons", entre outros. Isso não quer dizer que não guardem qualquer tipo de relação com as religiões estabelecidas. Em outras palavras, não há necessariamente uma independência diante das visões religiosas dominantes. Podemos incluir, também, os movimentos espiritualistas que de alguma maneira rejeitam as religiões tradicionais. A Nova Era, os esoterismos, a magia e os misticismos em geral entram aqui. Se por um lado é difícil reconhecer os oráculos como um movimento religioso, por outro é certamente um fenômeno que guarda alguma relação com a religiosidade de quem faz uso. Em uma definição ampla cabem, também, organizações e movimentos que oferecem técnicas de desenvolvimento de potencial humano que possuem algum tipo de dimensão espiritual, como as terapias alternativas, a meditação transcendental e a biodança.

Em relação à questão temporal, parece-nos ser demasiadamente restrito adotar o mesmo período dos autores europeus. É preciso olhar para a sociedade que estamos estudando, ou seja, localizar o fenômeno. Não há sentido algum em falar de religiões novas de dois séculos na sociedade brasileira. É um período muito longo que coincide, em parte, com nossa própria formação. Por outro lado, incluir religiões mais recentes do século XX, mas que tenham forte penetração social e se tornaram religiões de caráter universal, como a umbanda ou o kardecismo, também não faz sentido.

Essa amplitude e essa abrangência de categorias não são necessariamente uma fraqueza, mas refletem a complexidade e a natureza multifacetada das novas formas de vivência das espiritualidades. Porém, podemos indagar até que ponto é possível tratar todos esses grupos sob uma mesma definição. Até onde isso auxilia ou atrapalha a compreensão sobre o fenômeno religioso na sociedade moderna? Cremos que a resposta depende de onde colocamos nosso foco. Certamente, se pretendemos analisar as características de comportamento ou de crença, pouco adianta colocá-los todos sob a mesma bandeira dos NMRs. Porém, se quisermos pensar nas possibilidades sociais da insurgência desses grupos, podemos entender que há, sim, um ganho em tratá-los como um todo.

As interpretações de seus significados e importância variam muito. Para alguns, representam novos tempos e ares nas mudanças religiosas. Para outros, simplesmente desarmonia e confusão. Porém, não podemos ignorar a contribuição dada pelas novas religiões à riqueza, complexidade e contornos da religiosidade atual.

Para James Beckford,[13] o conceito de novas religiões, NMR, ou mesmo cultos, tem sido utilizado de maneiras muito diversas, embora sua aplicação não seja arbitrária. É condicionada às considerações históricas e teológicas. Mesmo quando parecem ser adaptações de tradições muito antigas (como o budismo ou o hinduísmo) a definição de NMR é muito vaga e serve como um grande guarda-chuva que acolhe a diversidade de fenômenos

---

[13] Cf. BECKFORD, J. *Cult controversies*.

que se distanciam das grandes religiões mundiais. O termo culto, ou seita, utilizado por vários autores, também tem múltiplas interpretações. Em geral, os termos seita, movimento separatista ou mesmo fanatismo são utilizados no Ocidente em relação a grupos islâmicos, hindus e outros, definindo-os como ameaças ao pluralismo da sociedade atual.

As novas formas religiosas são novas apenas em relação às expressões anteriores. Nesse sentido, as características da novidade variam de caso para caso. O hinduísmo e mesmo o islamismo tiveram vários movimentos de revitalização desde o século XVIII. O próprio pentecostalismo e o movimento carismático católico poderiam ser incluídos nessa categoria. Portanto, a novidade religiosa é sempre relativa ao tempo e ao lugar em que surge.

Em geral, pensamos a emergência de novas religiões associada a períodos de rápida mudança social. Mas não se trata de uma mera resposta às mudanças. Houve vários outros períodos históricos de grandes mudanças sociais que não acarretaram, necessariamente, o surgimento de novas religiões. A relação com a sociedade é bastante complexa. A experiência da subjetividade em sociedades fragmentadas, racionalizadas e de grande mobilidade, aliada à liberdade de escolha e os direitos do cidadão, conduziu ao incremento cada vez maior das novas religiões.

Os estudos sistemáticos sobre os NMRs nos ajudam a perceber que as pessoas da modernidade não são menos religiosas que as de outrora, que a religião não é mais prerrogativa exclusiva das Igrejas (no seu sentido clássico) e que a dinâmica dessas novas religiões não pode ser separada das mudanças que ocorrem no meio social.

A sociedade ocidental é caracterizada, entre outras coisas, pelo refluxo contínuo das grandes tradições e por adesões a religiões flexíveis. Temos hoje a ênfase nas relações pessoais, contra o anonimato das organizações burocráticas. As características culturais de nossa sociedade, que possibilitaram o crescimento do número de novas religiões e impõem suas marcas indeléveis, serão analisadas no próximo capítulo.

Para uma classificação dos NMRs

Percebemos, pela trajetória que percorremos até aqui, que falta precisão acerca da definição dos NMRs. Muito dessa aparente confusão se deve, em primeiro lugar, à extrema diversidade que encontramos hoje no campo religioso. Em seguida, devemos levar em conta a própria definição de religião. Não há aquele que, ao tentar explicar os novos movimentos religiosos, não esbarre no que é, afinal, uma religião. Em uma aproximação muito genérica, mas operativa, podemos considerar do campo religioso todo aquele movimento, aqui entendido como um grupo de pessoas que partilham de objetivos e práticas comuns, que se baseia em crenças cujos objetos fogem da percepção de nossos sentidos. Essas crenças baseiam-se em mitos, aqui entendidos, também, em seu sentido bastante amplo. Assim, as práticas de meditação e energização praticadas em clínicas de potencialização corporal, que bem poderiam ser vistas como da área da psicologia, podem aqui ser colocadas como NMRs, pois carregam por trás de si crenças disseminadas no circuito Nova Era, como aquelas que tratam da centelha espiritual que cada pessoa traz em seu interior e que, por meio de uma postura específica, pode ser despertada ou potencializada.

Esses grupos podem ser fortemente organizados, possuindo um corpo doutrinal específico, como podem, ao contrário, ser absolutamente passageiros e constituídos apenas nos momentos dos encontros, sendo que a cada momento os agentes são diferentes, pois o que vale é o circuito em rede e não a constituição de laços sociais rígidos.

Eileen Barker falava que é praticamente impossível traçar generalizações sobre os NMRs. A única coisa em comum é o fato de serem chamados de novas religiões ou seitas. Esses movimentos diferem uns dos outros tanto em termos de origens, crenças, práticas, organização, lideranças, finanças, estilos de vida, como também nas atitudes para com as pessoas em geral, como tratam as mulheres e crianças, como pensam a moral e a educação. Para Bryan Wilson, NMRs são todas aquelas organizações religiosas que emergiram nas três ou quatro últimas décadas, fazendo parte, agora, do cenário religioso.

Para todos os efeitos, vamos considerar, aqui, NMR todos os movimentos de cunho religioso ou espiritualista que tenham surgido recentemente, no bojo do movimento de contracultura, após 1960. Vamos incluir, além desses, os movimentos surgidos até no final do século XIX ou começo do século XX e que permaneceram à margem das grandes religiões, mas se tornaram mais visíveis junto com os demais. Nestes podemos considerar a Rosa-Cruz, a Sociedade Teosófica, o Círculo Esotérico da Comunhão do Pensamento e outras correntes esotéricas ou ocultistas. Excluiremos os movimentos diretamente ligados às grandes religiões tradicionais estabelecidas no Brasil, como as várias Igrejas pentecostais, o movimento católico carismático e outros. Porém, podemos inserir aqueles que proclamam fazer parte do cristianismo, mas acabam dele se distanciando e incorporando elementos de outras origens, como as Testemunhas de Jeová e a Igreja de Jesus Cristo dos Santos dos Últimos Dias. Convém lembrar que um NMR não constitui necessariamente uma nova religião. A Soka Gakkai e a ISKCON se baseiam em tradições muito antigas (budismo e hinduísmo, respectivamente), mas são consideradas, sem sombra de dúvida, novos movimentos religiosos.

Como podemos perceber nesta primeira verificação, os NMRs são extremamente diversos. Qualquer tentativa de classificação será sempre limitada. Em um olhar mais apressado, aparentemente temos clareza do que se trata. Praticamente todos nós já sabemos o que é um NMR. Porém, quanto mais focamos nosso olhar e tentamos mergulhar para baixo da linha da superfície, mais nossos olhos ficam turvos. O fenômeno insiste em se tornar cada vez mais complexo, confundindo-nos ainda mais. Saímos da experiência com a sensação de incompreensão. Mas isso não satisfaz a Ciência da Religião. É preciso procurar alguns contornos, algumas regularidades e tendências. Só dessa maneira estaremos não apenas atuando de acordo com os métodos científicos, mas contribuindo para elucidar melhor o que anda acontecendo em termos religiosos em nossa sociedade.

Veremos mais adiante como se constituem os grupos a partir dos casos encontrados na sociedade brasileira. Porém, antes é preciso deter nossas atenções no contexto cultural que tornou possível o surgimento de número tão expressivo de NMRs.

QUESTÕES

1. O que são Novos Movimentos Religiosos?
2. As seitas são falsas religiões?
3. Quais são as dificuldades em se definir os NMRs?

BIBLIOGRAFIA SUGERIDA

Infelizmente há poucas obras específicas sobre novos movimentos religiosos traduzidas para o português. Assim, nossa sugestão fica limitada a textos não centrais nessa discussão.

CAROZZI, Maria Julia. Tendências no estudo dos Novos Movimentos Religiosos na América: os últimos 20 anos. *BIB*, Rio de Janeiro, 37, 1994.

MORADELA, José. *As seitas hoje;* novos movimentos religiosos. São Paulo, Paulus, 1994.

O CONTEXTO SOCIOCULTURAL E O SURGIMENTO DAS NOVAS RELIGIÕES

OBJETIVOS

- Apresentar o quadro sociocultural que tornou possível a expansão das novas religiões.
- Analisar a lógica interna das representações e dos sistemas de crenças partilhada pelos agentes dos novos movimentos religiosos.
- Procurar compreender as características religiosas dos NMRs.

SUBSÍDIOS PARA APROFUNDAMENTO

Retorno do sagrado ou secularização?

A emergência dos novos movimentos religiosos tem suscitado intenso debate acerca da compreensão sobre os processos em curso na sociedade. Muitos trabalhos apontam para as denominações "retorno do sagrado", "reencantamento" ou "dessecularização" como tentativa de contraponto ao processode secularização. Outros falam da sociedade brasileira como não tendo sofrido, em sua estrutura básica, o processo de secularização. Há, ainda, os que apostam no desencantamento. Para alguns opositores da religião, a multiplicação dos NMRs representa um "impulso regressivo irracional", próprio de momentos de incerteza, quando as pessoas precisam se apoiar em ilusões para dar conta das aflições. Para outros, essa exposição desenfreada de novas religiosidades nada mais comprova que a "irredutibilidade da dimensão religiosa da humanidade". Talvez nem tanto o céu, nem tanto a terra. Vemos que por trás dessas análises apressadas escondem-se interesses do próprio pesquisador que deseja ver prevalecer suas crenças e convicções mais íntimas.

Sobre a relação dos NMRs e a religião muito, e de tudo, já se falou. Sinal evidente, para uns, de que as novas religiões representam a face mais nítida da religião pós-moderna. Por outro lado, os NMRs são uma forma racionalizada de adaptação à sociedade secularizada. Essas novas formas de lidar com o religioso não eliminam, portanto, o processo de secularização em curso. Longe de indicar divergências nos posicionamentos teóricos, a questão aponta muito mais para a dificuldade de compreensão do fenômeno.

Nossa hipótese aponta para o fato de a secularização ser a responsável pela eclosão da enorme quantidade de novos movimentos religiosos. Secularização e encantamento do mundo não são processos excludentes, mas características próprias do atual estágio de desenvolvimento da sociedade brasileira.

O conceito de secularização teve sua origem nos meios religiosos ainda no século XVI com a finalidade de designar a passagem de um religioso "regular" para o estado "secular", ou ainda para designar a redução à vida laica de quem recebeu ordens religiosas ou vivia segundo regras conventuais. No entanto, foi muito utilizado no âmbito jurídico para indicar a expropriação dos bens eclesiásticos em favor dos princípios ou das Igrejas nacionais reformadas.

A Sociologia da Religião tomou emprestado o conceito, moldando-o aos seus propósitos e aplicando-o à sociedade mais ampla. O objetivo maior era dar conta das transformações religiosas em curso na sociedade desde meados do século XIX.

A secularização é uma questão complexa e não parece resultar no desaparecimento completo da atividade e do pensamento religiosos. Ao contrário do que Weber apontava, a secularização não desencantou o mundo, como também não significou o declínio da magia. Para Bryan Wilson, a secularização precisa ser pensada em seus três níveis: institucional, cognitivo e comportamental. Significa um processo de transferência de poder e atitudes das instituições com quadros de referência sobrenatural para instituições operadas de acordo com critérios empíricos, racionais e pragmáticos. Em termos institucionais, representou a substituição, no amplo campo de diferentes funções, da instituição religiosa para instituições autônomas. Em termos cognitivos, a secularização significou o processo de racionalização das explicações da realidade. E, por fim, em termos de comportamento, significou a privatização da própria experiência religiosa. Não há a extinção da religião, mas seu deslocamento para a esfera do sujeito.

O significado profundo de secularização é o do declínio geral do compromisso religioso na sociedade. A religião deixa de ser o conhecimento fundante da visão de mundo, dos comportamentos e da ética. A sociedade moderna conta agora com outros elementos de controle que independem da religião.

A secularização pode ser entendida como a passagem de uma atitude de recusa do mundo para uma atitude de aceitação. O crente religioso, que recusava ver neste mundo qualquer tipo de fundamento da verdade, passou a aceitá-lo. Tratou-se de um processo de conformação com o mundo por parte daqueles que antes o rejeitavam, uma aceitação de uma ética pragmática. Mas em todos os momentos, ou grupos, há repulsa e aceitação do mundo como formas complementares. Além disso, a secularização também é entendida como a separação ocorrida entre a religião e a sociedade. A religião deixou de ser a principal instância legitimadora da sociedade e passou, cada vez mais, a ser um assunto da esfera privada. A religião perdeu sua função pública. O mundo tornou-se mais adequado à manipulação racional, científica e empírica, estando despojado, agora, de um sobrenatural.

A secularização possibilitou o avanço do pluralismo e do trânsito religioso, uma vez que, não havendo as amarras das instituições religiosas, o indivíduo pode manipular os bens simbólicos construindo seus arranjos religiosos sem medo de quebrar o eixo central onde está apoiado.

O desencantamento do mundo, de acordo com Weber, é o processo de racionalização e laicização das condutas religiosas. O termo refere-se ao processo propriamente religioso no qual as religiões éticas operam a eliminação da magia como meio de salvação. Esse processo de "desmagificação" aconteceu na religião ocidental, no cristianismo e no judaísmo, e teve seu ápice com o protestantismo puritano.

O que vemos hoje, no entanto, é uma profunda secularização na sociedade, mas uma permanência do encantamento no âmbito individual e, por que não dizer, em muitas expressões religiosas que não aquelas da ortodoxia cristã ou judaica.

Em suma, queremos afirmar que não houve um desencantamento do mundo e que, em conseqüência, também não houve o reencantamento da pós-modernidade. Não houve desencantamento, pois não chegou a termo a racionalização da própria religião. As vivências do catolicismo, apesar de toda racionalização empreendida pela instituição eclesial, são cada vez mais mágicas, conforme podemos perceber entre os adeptos do movimento de renovação carismática. A vertente protestante, que segundo Weber representava o expoente dessa secularização e racionalização, também tem seu lado mágico entre aquelas correntes que mais crescem em termos populacionais, as pentecostais. Por outro lado, a partir da ótica dos agentes, nem a magia desapareceu nem as entidades sobrenaturais deixaram de conviver com os personagens sociais. O crente também nunca se desencantou. Continua vivendo em um mundo encantado. Podemos dizer que o mundo não está encantado da mesma maneira que antes, mas que, de alguma maneira, o encantamento permanece. Os NMRs são diferentes possibilidades de vivência desse mundo encantado, carregado de forças invisíveis e de manipulações mágicas.

Falar desse mundo encantado não significa negar a secularização. Esta continua a passos largos na sociedade. A separação da Igreja diante do Estado é apenas um quesito desse processo. O direito é, hoje, baseado em uma visão racional e até científica. Ninguém admitiria mais o estabelecimento de leis a partir de pressupostos religiosos. A começar do problema da escolha, em uma sociedade pluralista, de qual religião deveria ser seguida para essa constituição legal. Em outros campos, a ciência é a entidade portadora de sentido e de autoridade sobre a verdade. De que maneira alguém defenderia o fim das clínicas e dos hospitais e o retorno dos curandeiros, diante de todos os avanços que a medicina conseguiu durante o século XX, como a eliminação de doenças e o aumento da longevidade? Naturalmente continuarão a existir as práticas médicas paralelas, que ganharão cada vez mais legitimidade, mas elas não eliminarão a medicina oficial e procurarão estabelecer para si mesmas uma aura de cientificidade que garanta seu espaço nesse campo da cura. Portanto, longe de questionar a autoridade científica e racional, essas práticas paralelas — e por que não dizer, mágicas — contribuirão para o aprofundamento da secularização.

Segundo Maria Julia Carozzi, há quatro posições dos estudiosos de NMR em relação à secularização.[1] A visão mais comum é a de que os NMRs fazem parte do processo de secularização, aqui entendido como o fim das amarras dos sujeitos com as agências produtoras de significado, as religiões tradicionais. Esse indivíduo estaria, assim, completamente livre para construir sua própria religião e, como em um supermercado de bens simbólicos religiosos, faria uma bricolagem pessoal daquilo que lhe interessa. Trata-se de uma visão preconceituosa, pois olha para as novas religiões como superficiais ou triviais. A autora chama a atenção para o fato de que muitos NMRs não se encaixam nessa categoria,

---

[1] CAROZZI, M.J. Tendências no estudo dos novos movimentos religiosos na América: os últimos 20 anos, pp. 67-70.

como os mórmons e todos os demais movimentos de tipo seita, em que o indivíduo, apesar da conversão pessoal, segue passos bem definidos pelo grupo.

Uma segunda posição fala do avanço da ciência e do recuo da religião nos sistemas de explicação do mundo. Tal mecanismo acabou gerando um ceticismo, e as religiões, ao abandonarem a magia, se refugiaram apenas na figura de uma divindade distante e inacessível. Porém, os indivíduos continuaram portando seus sofrimentos e suas angústias existenciais. Uma vez que as Igrejas se tornaram incapazes de responder a essas questões, os NMRs surgiram com um grande potencial de expansão, pois voltaram-se especialmente para essa finalidade.

Uma terceira posição afirma que a secularização, embora não tenha levado ao desaparecimento da religião, confinou-a ao âmbito das práticas e das crenças privadas. É a privatização da religião. Para Peter Berger, os sujeitos que conservaram uma visão religiosa na sociedade moderna, mas não seguiam mais as grandes tradições, começaram a se sentir partes integrantes de uma minoria cognoscitiva. Esses indivíduos começaram a formar pequenas comunidades religiosas como maneira de manter uma interação social.[2]

A quarta postura simplesmente nega a secularização, uma vez que as novas religiões apontam para um reencantamento do mundo e para a negação do fim da religião.

Dentre as diferentes frentes da secularização, parece-nos que ao menos uma delas, a do comportamento dos sujeitos sociais, tem garantido a multiplicação e a permanência dos NMRs.

---

[2] BERGER, P. *Um rumor de anjos*, p. 19.

A privatização do sagrado, que se refugia na realidade da vida individual, sempre foi característica brasileira, fazendo-nos pensar que a oficialidade religiosa por aqui nunca foi a mesma que em outros países e que a secularização guarda marcas distintas, enfatizando esse aspecto da privatização. Mesmo em vivências que se colocam de maneira contrária à oficialidade católica, como é o caso do pentecostalismo, mantêm-se vivos e ativos os velhos deuses do povo, daquela vivência católica popular. No Brasil, maior país católico do mundo — conforme é costume afirmar —, mantém-se a denominação oficial, mas permitem-se múltiplas e diferentes vivências em nível pessoal. A conversão total e irreversível ao protestantismo, por exemplo, e a outras religiões que assim exigem, é exceção em uma sociedade que não requer rompimento para confirmar a adesão do fiel a um novo sistema religioso. Essa maneira de vivenciar a religiosidade, característica peculiar das camadas populares no Brasil, permite ao sujeito um distanciamento da instituição e uma moldagem pessoal da sua vivência religiosa. Carlos Rodrigues Brandão, ao analisar a crise das instituições tradicionais e o surgimento das novas religiões, apontava para a existência antiga, entre nós, dessa individualidade de opção. O autor chama a atenção para a possibilidade de qualquer fiel realizar "equações de símbolos e significados, de jogos de afetos e atribuições de virtude e poder místico e/ou religioso, segundo a biografia de adesões",[3] sua trajetória pessoal, enfim. O autor reconhece que o agente das novas religiosidades faz um arranjo pessoal a partir das categorias dadas pelo meio social, como energia, cristo cósmico, forças da natureza, entre

---

[3] BRANDÃO, C. R. A crise das instituições tradicionais produtoras de sentido, p. 37.

outras, e o fiel das religiões populares brasileiras sempre teve a autonomia para criar sua própria vivência religiosa, independente da oficialidade eclesial, compondo seu universo com seu santo padroeiro predileto, seu anjo da guarda ou seu orixá de cabeça.

A nova consciência religiosa

A existência dessa particularidade da sociedade brasileira, que permite certa autonomia do sujeito diante das instituições tradicionais e a construção de sínteses religiosas próprias também permite as vivências religiosas múltiplas, tão comuns no Brasil desde a época da colônia. Esse fato em si pode auxiliar na compreensão da rápida expansão, em terras brasileiras, de uma infinidade de novas práticas religiosas, mas por si só não explica o surgimento de uma nova consciência religiosa, de novos valores, que estão por trás da explosão dos NMRs no mundo ocidental. Algo aconteceu durante o século XX nos países ocidentais que culminou nas mudanças do campo religioso a partir da década de 1960.

Se até aquele momento só podíamos pensar nos NMRs como formação de grupos do tipo seita, surgidos a partir de rupturas das grandes religiões, alguma coisa mudou na visão de mundo e no universo das crenças a partir da década de 1960 que tornou possível o surgimento de uma religião difusa, como que invisível, vivenciada no âmago das individualidades. Essa nova religiosidade, como foi muitas vezes chamada, proporcionou o surgimento de novas práticas, bastante diferentes das seitas tradicionais.

De acordo com Robert Bellah,[4] foi na década de 1960 que aconteceu o grande descontentamento de massa em relação aos valores comuns da cultura e da sociedade. A quebra da legitimidade das instituições religiosas tradicionais, particularmente entre os jovens, iniciou-se nos Estados Unidos, mas logo se expandiu para outros países ocidentais. Nesse período, as pessoas e amplos setores da sociedade começaram a desacreditar das velhas promessas revolucionárias da modernidade. Os valores do individualismo utilitarista começaram a ser questionados por jovens que não aceitavam mais o que seus pais ensinavam e começaram a repensar suas próprias práticas. Junta-se a isso o momento vivido pela sociedade norte-americana na guerra do Vietnã, quando muitos jovens se perguntavam se valeria a pena morrer por ideais em que eles mesmos não acreditavam mais. O movimento de contestação da contracultura ganhou força. Muitos duvidaram de que o modelo cultural de acumulação de riqueza pudesse trazer a felicidade. Surgiram os movimentos de minorias, como os das mulheres, dos indígenas, dos negros, dos movimentos pela livre opção sexual e outros movimentos libertários. Havia os que defendiam a derrubada do sistema vigente para a construção de uma sociedade mais justa e fraterna, mas também aqueles que enfatizavam a necessidade de um novo estilo de vida. Em ambos os casos, havia uma forte oposição ao *ethos* dominante. Havia muita diversidade de posições, mas no meio disso tudo surgiram as comunidades alternativas e os grupos com forte inclinação religiosa. Porém, a religião buscada não era mais a cristã. A Igreja, católica ou protestante, foi identificada como

---

[4] BELLAH, R. A nova consciência religiosa e a crise da modernidade, pp. 18-20.

um dos pilares de manutenção do sistema que estava sendo combatido. A religião da contracultura não era bíblica. Era retirada de várias fontes, principalmente de religiões orientais, mas também das tradições indígenas. Quanto mais exótica, mais distante dos valores que lembravam o modelo vigente. Segundo Bellah, a espiritualidade asiática oferecia um contraste mais completo ao modelo individualista utilitário da religião institucional. Ao invés de uma realização externa, visível pela ostentação da riqueza, propunha uma experiência interior. No lugar da exploração desenfreada da natureza, visava a uma vida mais harmônica, ecológica, utilizando apenas o que fosse necessário.

Foi nesse período que aconteceu a vinda de inúmeros movimentos, ou apenas líderes religiosos, do Oriente. A ISKCON nasceu justamente nesse momento, com a vinda de um guru hindu, Prabhupada, conseguindo aglutinar milhares de adeptos em Nova York e São Francisco e depois nas demais grandes cidades do Ocidente. O zen-budismo, antes restrito às comunidades étnicas, passou a ser praticado por jovens que não tinham, até então, uma vivência religiosa assídua. Vários ídolos da juventude, como o grupo inglês The Beatles, foram procurar entre esses gurus formas de elevação espiritual. Isso, sem dúvida alguma, impulsionou ainda mais a adesão de jovens a esses novos movimentos. Aparece aqui uma ênfase na experiência imediata. Esses grupos possuíam diferentes graus de abertura ao mundo externo. Os mais fechados pregavam uma ruptura radical e a construção de novas comunidades fundadas nos textos sagrados e na palavra desses gurus. Outros estavam mais abertos e propunham uma integração com a vida social mais ampla. Alguns movimentos, vindos de correntes de alguma maneira ligadas à psicologia, como o Movimento do Potencial Humano, tinham características de maior diálogo e abertura à sociedade, principalmente em relação à ciência, que os grupos religiosos.

O movimento de contestação da década de 1960 teve vida curta, mas os movimentos religiosos surgidos então permaneceram nas décadas seguintes. Nesse processo, deixaram de lado os aspectos mais voltados à recusa ao mundo e acabaram por se integrar aos valores sociais. Porém as marcas de uma nova religiosidade permaneceram. Tal fato é bastante evidente nas manifestações da Nova Era, em que o grau de entrosamento aos valores sociais, como o individualismo e o sucesso financeiro, é bastante alto.

A socióloga Françoise Champion fala em declínio das religiões instituídas e nas adesões religiosas flexíveis para caracterizar esse novo momento religioso.[5] De acordo com a autora, a característica mais marcante dessa nova religiosidade é seu aspecto de bricolagem, de arranjo feito pelo próprio indivíduo, como em uma religião *à la carte*. Mais que um sincretismo, é um ecletismo, pois não existe uma síntese, mas a justaposição de elementos diversos, advindos das mais diferentes religiões. Nesse sentido, podemos entender como é possível vivenciar uma experiência xamânica dos índios norte-americanos ao mesmo tempo em que se faz uma meditação de estilo zen-budista, tendo por base uma concepção de energização da mente. Essa é uma religiosidade flutuante e difusa, pois aparece sob todas as formas e flutua por sobre as instituições, sem qualquer tipo de compromisso. Dentre

---

[5] CHAMPION, F. Religiosidade flutuante, ecletismo e sincretismos, pp. 705-733.

essas religiosidades, destaca-se aquela que denominou "nebulosa místico-esotérica". Nessa nebulosa — o nome vem justamente da imprecisão dos contornos — aparecem as religiões orientais ou exóticas, as práticas esotéricas, os sincretismos psicorreligiosos, as várias vivências da Nova Era e outras formas de religiosidade não convencionais.

Um ponto central para entender essas novas religiosidades está em seu caráter experiencial. A idéia nuclear é a de que cabe a cada um encontrar seu próprio caminho entre as diferentes vias espirituais. Essas vias são todas tidas por verdadeiras. Não é preciso crer, mas experimentar. Dessa ênfase na experiência individual decorre a recusa a qualquer controle institucional, a qualquer idéia ortodoxa de verdade única. O objetivo dos adeptos é promover a transformação pessoal por meio de técnicas psicocorporais ou esotéricas, como ioga, meditação, danças sagradas, oráculos e várias outras oriundas, muitas vezes, de tradições bastante antigas e distantes. A salvação procurada está contida em uma felicidade total e diz respeito a este mundo.

Nesse sentido, podemos perceber que essas novas práticas religiosas se aproximam muito mais da religião de tipo místico, conforme denominação de Troeltsch, do que de uma seita ou, menos ainda, de uma Igreja. Dentre as características desse tipo de religião, podemos perceber a formação de redes no lugar das instituições, a ênfase na experiência religiosa direta, a prática da tolerância e de certo relativismo — pois a verdade, apesar de única, pode ser atingida por diferentes caminhos — e a idéia de que cada um possui uma centelha divina que pode ser despertada pelo trabalho empreendido.

Ocorre, agora, uma decomposição do religioso, rompem-se as amarras com as grandes instituições religiosas. O sagrado, agora dissolvido, passa a ter um caráter pessoal, individualizado. As lideranças desses novos grupos não são necessariamente religiosas. São terapeutas, conferencistas, "facilitadores" (termo nativo, muito utilizado no circuito da Nova Era), que não têm, na verdade, o papel de líderes. Como pessoas que já passaram pela experiência, facilitam e orientam o trabalho daqueles que também desejam passar.

Danièle Hervieu-Léger, ao discutir a secularização na sociedade atual, levantou a hipótese de que uma forte característica das religiões é a tendência ao emocionalismo comunitário.[6] Tal fato aparece tanto nas manifestações pentecostais (aí incluindo a renovação carismática), como nos NMRs. Diferentemente da religião de comunidades emocionais, descrita por Weber, que se caracteriza por discípulos em torno de um líder carismático, as novas religiões não requerem, necessariamente, essa figura. Por serem religiões de grupos voluntários, onde há o compromisso de cada um dos membros, o testemunho pessoal estabelece fortes laços entre a comunidade e o indivíduo. Isso não quer dizer que haja sempre um caráter efervescente muito marcado. Os estados de excitação coletiva são pouco numerosos, mas há sempre um engajamento por meio de formas não-verbais de expressão religiosa, seja com o corpo ou com a mente.

A autonomia do indivíduo, valorizada e incentivada na contemporaneidade, sugere a idéia de que tudo está centrado na

---

[6] HERVIEU-LÉGER, D. Representam os surtos emocionais contemporâneos o fim da secularização ou o fim da religião?, pp. 31-34.

pessoa. O indivíduo ganhou, além da autonomia política, a possibilidade de ser senhor pleno de sua própria alma, não precisando estar preso aos laços formais das religiões tradicionais. Em seu lugar surgem as redes nas quais os membros estabelecem laços passageiros, pois o grande eixo central é a pessoa de cada um.

Desligado das instituições e sujeito de si mesmo, o indivíduo pode, agora, transitar por entre as diferentes denominações religiosas ou, ainda, experimentar os mais diferentes tipos de vivência ou prática espiritual. Rompem-se as fronteiras e intensifica-se o trânsito entre os grupos. As idéias de obrigação e permanência estão ausentes.

Muitas das novas religiões alegam uma ancestralidade milenar, dizendo-se portadoras da verdadeira mensagem divina. Porém, as tradições religiosas do passado são como depósitos de símbolos religiosos, em que os indivíduos escolhem livremente, sem se reconhecerem naquela visão integrada de antes. Ao invés da espera de uma plenitude a ser alcançada no outro mundo, busca-se, hoje, uma realização neste mundo. A sociedade moderna não aceita mais uma revelação vinda de algo superior. Admite-se, apenas, a busca interior que levará ao despertar do divino presente em cada ser humano.

Brandão[7] afirma que a religião se transformou, na sociedade contemporânea, em moeda corrente. Da hegemonia que existia anteriormente passou-se para um campo religioso regido pela lógica e retórica do mercado dos bens simbólicos. Do ponto de vista do sujeito da fé, todas as religiões são dotadas de verdade

---

[7] Cf. BRANDÃO, op. cit.

e de valor. Nenhuma, sozinha, esgota a plenitude da verdade. O sistema de crenças da sociedade ocidental do final do século XX e começo do século XXI se conjugou de tal maneira que a religião saiu de seu próprio campo específico e se entrecruzou com outros campos, como o da arte, da ciência e do misticismo. Porém, esses campos também sofreram uma interpenetração com os demais, inclusive o religioso. O que temos hoje, portanto, é uma cultura na qual os campos dos saberes tendem a não possuir mais fronteiras rígidas. Tanto há religiosos que se apóiam nas palavras da ciência como cientistas que buscam nos grandes mitos da humanidade uma coerência em seus discursos e a eliminação da frieza e da falta de sentido muitas vezes presentes em seus trabalhos.

Para muitos, ainda é necessária a exclusividade do pertencimento, mantendo-se firmes as fronteiras. É o caso dos grupos que mantêm o caráter sectário. Porém, a marca desse novo tempo é outra. O sujeito não precisa ser exclusivamente de uma única confissão. Pode, e deve, fazer seus recortes e criar sua própria lógica de fé. Sendo esse sujeito o centro de toda existência, é ele quem deve proceder a um esforço, por meio de técnicas espiritualistas, visando à realização da expressão mais pura de sua própria plenitude. Essa mudança no conjunto mais amplo do sistema de crenças da sociedade contemporânea empreendeu uma mudança nas características dos NMRs. Conforme veremos no próximo capítulo, eles estão cada vez mais distantes dos moldes de uma religião formal, seja de tipo Igreja ou de seita, e mais próximos de uma religião do tipo mística.

A parte visível de uma mudança mais profunda

Podemos pensar, também, que a existência e a visibilidade dos NMRs sejam apenas a ponta de um *iceberg*. Ou seja, é apenas a parte visível de uma imensa transformação em curso na sociedade e que terá reflexos cada vez maiores em amplos setores da vida social, entre eles as próprias grandes religiões tradicionais. Assim, aquilo que caracteriza os NMRs não ficará restrito apenas a essas formas marginais de religiosidade (marginais aqui no sentido do pequeno número de adeptos), mas atingirá também as grandes religiões, como o catolicismo e o pentecostalismo, e a sociedade como um todo. Em um prazo mais longo, o desenvolvimento dessa religião difusa será, muito mais que os NMRs, um fator determinante na modelação da futura fisionomia dos países ocidentais.

Nesse sentido, os valores hoje pregados pelos NMRs, como a autonomia do indivíduo diante das instituições religiosas, a idéia de que cada um é portador da centelha divina e de que fazemos parte de uma totalidade, não havendo, portanto, criador nem criatura, estariam disseminados no conjunto mais amplo da sociedade. Um problema para os estudiosos da religião é justamente o de como aferir essa afirmação. Trata-se, aqui, mais de uma suspeita levantada por diversos indícios do que uma certeza definitiva. Senão, vejamos. Tomemos um exemplo bastante corrente. É comum afirmar — e pesquisas sobre crenças têm demonstrado isso — que grande parte dos católicos acredita em reencarnação. Ora, sabemos muito bem que esse credo não se inclui na tradição doutrinária católica. E isso não acontece apenas no Brasil, onde as tradições afro-brasileiras ou espíritas fazem parte de nosso cenário religioso. Em vários países europeus, mais apegados à ortodoxia cristã, o mesmo fenômeno é verificado. Muitos dos NMRs, sejam aqueles mais voltados ao esoterismo ou mesmo ao ocultismo, ou aqueles mais difusos, característicos da nebulosa mística, falam na permanência do indivíduo, tratado diferentemente, em cada caso, como espírito, alma, centelha ou mente. A idéia de reencarnação é muito comum a várias dessas novas religiões. O que temos, então? Será que os NMRs estão influenciando a grande maioria cristã dos países ocidentais, uma vez que, como dissemos anteriormente, os adeptos dessas novas religiosidades compõem uma parcela muito pequena da população? Se assim for, devemos admitir que os NMRs têm uma força descomunal de convencimento, com seus poucos participantes, sobre os milhões de cristãos formados sob a ótica milenar da tradição.

O mesmo pode ser dito de várias outras crenças, como no caso da própria imagem da divindade, de Deus. A idéia de crença aqui colocada não deve ser compreendida em seu sentido pejorativo, de algo menor e equivocado diante de uma verdade maior. Crença, em seu sentido antropológico, é toda representação coletiva que pauta nossa noção de realidade. Dados empíricos mais confiáveis ainda são escassos, mas há fortes indícios de que para um grande contingente da população, principalmente entre aqueles que estão longe dos NMRs, a idéia de Deus passa cada vez mais de um ser pessoal, criador e onisciente para a idéia de um todo holístico, uma energia ou força maior, impessoal. Trata-se, sem dúvida, de uma mudança profunda em nossa cosmovisão.

Devemos reconhecer, sim, que os novos movimentos religiosos têm uma influência real, embora difusa, sobre o conjunto da sociedade. Ao mesmo tempo em que os NMRs têm seus contornos e suas expansões condicionados pelo meio social, o que não poderia deixar de ser, a sociedade acaba se modificando pelo contato com as novas práticas e crenças dessa religião dissimulada e nebulosa. Porém, se levarmos em conta a dimensão e a projeção dos NMRs, temos de considerar que a balança pende para o lado da sociedade. Assim, compreendemos que só foi possível o surgimento dos NMRs a partir de mudanças mais profundas em nossa própria sociedade.

É perceptível a presença de símbolos e valores das novas religiões em diferentes setores da nossa sociedade. Propagandas, filmes, novelas e demais programas de televisão estão cheios desses elementos. Artistas e pessoas com forte influência na formação de opiniões falam abertamente de suas novas crenças. Não há nenhum impedimento, de ordem moral ou outra, que impeça essa propagação de idéias. Anteriormente, falar que se professava uma fé diferente da ortodoxia era cair no risco de ser visto como herege. Hoje não. Podemos, assim, até pensar que esses elementos fazem parte de uma moda, pelo visto não tão passageira. Como as amarras institucionais estão mais frouxas, é perfeitamente possível se dizer praticante de uma determinada confissão religiosa tradicional e, ao mesmo tempo, incluir certa dose de elementos pessoais, em um verdadeiro amálgama de crenças. Vários artistas que se converteram às religiões neopentecostais falam que, ao mesmo tempo em que aceitaram Jesus, encontraram a energia cósmica vital e alcançaram a plenitude espiritual. Seguindo a lógica dialética apontada acima, essas pessoas podem se manifestar dessa maneira porque a sociedade assim possibilita, mas ao mesmo tempo, pela presença na mídia e por serem pessoas com certo grau de influência, acabam fazendo com que várias outras comecem a pensar da mesma maneira. Como em um rastro de pólvora, essas novas idéias e crenças rapidamente se disseminam no seio da sociedade.

No exemplo acima podemos perceber um fenômeno corrente. Muitas das pessoas que afirmam pertencer a uma grande religião, como o catolicismo ou o pentecostalismo, estão cada vez mais abertas às idéias e crenças dessa nova espiritualidade contemporânea.

Um outro aspecto interessante a ser notado diz respeito ao acesso ao ocultismo. Se antes isso era restrito a poucos grupos que se aventuravam em um conhecimento muito distinto do oficial, hoje está ao alcance de qualquer um. Sem dúvida, há uma vulgarização desse saber oculto, mas não se trata, aqui, de fazer uma avaliação sobre o conteúdo veiculado por esses grupos. O importante é perceber que há uma forte convicção, para muitas pessoas em nossa sociedade, de que existe um conhecimento diferente daquele propagado pelas grandes religiões, tendo elas mesmas escondido por séculos essas verdades ocultas, e que agora pode ser acessado por qualquer pessoa. As idéias de conspiração por parte das instituições, como aquelas supostamente reveladas no livro de grande sucesso *O código Da Vinci*, de Dan Brown, estão muito presentes em nosso imaginário. Muitos afirmam que a Igreja Católica sempre ocultou determinados fatos ou conhecimentos como forma de manter seu poder. Paralelamente, o mesmo aspecto pode ser encontrado quando se diz que a NASA, ou o governo norte-americano, esconde informações sobre a presença de Ovnis entre nós. Temos três elementos aqui. Primeiramente, podemos pensar na perda da capacidade das instituições na definição de nossa noção de verdade. Não se segue mais, cegamente, aquilo que elas pregam. Suas doutrinas não convencem nem ao menos a totalidade dos membros que se dizem seguidores dessas religiões. Suspeita-se sempre das instituições, principalmente se estas forem vistas como ligadas ao poder. Em segundo lugar, há a idéia relativizadora da verdade. O indivíduo pode buscar outros conhecimentos em outros lugares e tradições, pois nada afirma que aquela verdade até então seguida seja a única possível. Assim, uma verdade, por mais exótica que pareça, tem um grande atrativo. Por fim, há a condição de autonomia do sujeito, que pode muito bem fazer uma peregrinação pelos espaços do saber, sem risco de ser incomodado por ninguém. Essa pessoa é livre e não será, por isso, tratada como perigosa e nem precisará esconder aquilo que faz. O sucesso editorial dos livros que falam de magias, ocultismos e descobertas iniciáticas é exemplo disso.

Fácil acesso a conhecimentos ocultos supostamente verdadeiros e disseminação de valores das novas religiosidades compõem um novo cenário social. Falamos anteriormente que a presença dos NMRs é apenas uma ponta visível de um grande *iceberg*. Vamos verificar, com mais cuidado, as características dessa sociedade ocidental que não são visíveis de imediato e que compõem o pano de fundo da insurgência dos NMRs.

Colin Campbell afirmou, recentemente, que a sociedade ocidental passa por uma orientalização.[8] Porém, essa orientalização

---

[8] CAMPBELL, C. A orientalização do Ocidente: reflexões sobre uma nova teodicéia para um novo milênio, p. 6.

não significa a presença de religiões orientais em nossa sociedade, uma das mais marcantes características dos NMRs. Significa, isto sim, uma mudança profunda na teodicéia ocidental, uma nova postura diante dos caminhos de Deus para com os humanos e a solução dos problemas do mal. Para o autor, a orientalização não é simplesmente a entrada de produtos culturais do Oriente, como temperos, comidas, roupas, práticas terapêuticas, religião ou outras. Esses elementos todos poderiam ter sido incorporados à nossa sociedade sem necessariamente provocar uma mudança no sistema. Isso seria o mais comum e o esperado. Mas, segundo Campbell, não é o que está ocorrendo.

Trata-se de uma tese interessante que, conforme acreditamos, pode trazer elucidações ao fato de os NMRs serem apenas a parte mais visível de uma mudança social mais profunda. O paradigma cultural, ou a teodicéia, que tem sustentado as práticas e o pensamento do Ocidente por praticamente dois mil anos está sofrendo, agora, um processo de substituição por um paradigma que tradicionalmente caracteriza o Oriente. Não se trata, é claro, de uma invasão oriental. Quando o autor fala nos paradigmas ocidental ou oriental está se referindo a dois grandes tipos ideais, no sentido weberiano do termo. Nesse sentido, falar em uma religiosidade oriental, ou em uma teodicéia oriental, não significa apenas os modelos das grandes religiões, como o hinduísmo, o budismo ou o confucionismo. Convém lembrar que, em termos de diversidade, e não em termos do número de adeptos, a grande maioria das religiões existentes no planeta possui características apontadas aqui como orientais. Trata-se das religiões tribais, sejam elas americanas, polinésias, asiáticas ou australianas, ou das religiões africanas, mesmo não sendo praticadas em tribos. Podem não ser religiões mundiais, mas são, com certeza, a forma mais plural que a humanidade encontrou de vivenciar sua espiritualidade. Apesar das imensas diferenças encontradas, há muitos elementos comuns entre elas e aquelas outras grandes religiões da Ásia, que possibilitam a constituição desse tipo ideal.

Uma forte diferença entre esses dois paradigmas pode ser percebida no conceito que cada qual tem da realidade última. A visão ocidental, fortemente influenciada pelo judaísmo e pelo cristianismo, é transcendente. Na medida em que a civilização judaico-cristã espalhou-se, primeiramente pela Europa e depois pelo mundo inteiro, levou consigo seus valores e sua visão da existência de um criador divino, separado do restante do mundo. O ser humano seria, assim, uma criatura feita de maneira semelhante ao criador, porém imperfeita. Por outro lado, o paradigma oriental traz uma visão de imanência. O divino é parte do mundo e é impessoal. O ser humano é, também ele, parte integrante desse todo. Trata-se de uma visão monista na qual não há separação entre sagrado e profano, pois o cosmo inteiro, nele incluído o ser humano, é visto como algo portador de sentido. Como não há criação e tudo faz parte de tudo, o tempo cíclico faz as coisas se repetirem em um constante início, meio e fim. Já a visão dualista do Ocidente fala de um mundo criado à parte do ser supremo e que, portanto, teve um início e terá um fim. Disso decorre uma visão linear de tempo.

Para Campbell, essa mudança de paradigma não ocorre de imediato, mas já pode ser sentida no Ocidente há bastante tempo, e só agora começa a ficar visível. Algumas categorias distinguem os dois estilos. De um lado temos uma procura pela síntese, uma visão de totalidade, valorização da subjetividade e de um conhecimento intuitivo e dedutivo. De outro, aparecem a ênfase da análise, que tornou possível todo o avanço da ciência ocidental, uma visão fragmentada, a busca da objetividade e de um conhecimento racional e indutivo. Dessa breve lista, percebemos que muitas das novas formas de religiosidade enfatizam os aspectos atribuídos ao modelo oriental.

Dificilmente poderemos comprovar a inserção, em épocas mais remotas, da crença entre os cristãos de um Deus impessoal, de um princípio ou energia. Faltam dados sobre isso. Podemos supor que não era corrente. No que tange à crença em reencarnação, as coisas podem ser um pouco diferentes. A penetração do espiritismo kardecista na sociedade brasileira é muito antiga, data do final do século XIX. Desde aquele momento foi-se dando certa interpenetração dos valores entre cristãos e kardecistas. Devemos ter em conta, também, que o *ethos* religioso brasileiro sempre foi propenso a sincretismos de toda sorte. Enfim, apesar de provavelmente estabelecidas em épocas diferentes, essas duas crenças marcam a mudança em curso na nossa sociedade. Campbell alerta para as transformações da sociedade ocidental de maneira geral, mas vale lembrar que no caso brasileiro essa mudança de paradigmas se dá até em passos mais rápidos que em outros países.

Campbell lembra, ainda, que a presença de uma tradição espiritual e mística, no estilo que Troeltsch falava das religiões místicas, pode ter facilitado o processo de orientalização. Lembremos, conforme o que foi discutido no primeiro capítulo, que Troeltsch apontava esse tipo de religião como aquela que tinha grandes chances de florescer no século XX. Entre as características dessas religiões místicas estava o fato de serem individualistas, de não se oporem à cultura secular, de serem sincréticas, relativistas e com forte crença em uma elevação espiritual alcançada por meio do esforço de cada indivíduo, como um auto-aperfeiçoamento.

Assim, os traços dessa religiosidade de cunho orientalista já tinham suas sementes no Ocidente e na sociedade brasileira em particular. É nesse sentido que podemos dizer que a orientalização não significa dizer que as novas religiões tomem a mesma forma que as religiões orientais. Em um dos pontos citados acima — a crença na reencarnação —, podemos verificar que há diferenças entre o que se entende por reencarnação aqui no Ocidente e a visão tradicional do Oriente. Entre nós, a reencarnação é vista como um processo de evolução, quando cada indivíduo tem a possibilidade de alcançar estágios cada vez mais elevados de sua espiritualidade. Trata-se de uma visão otimista. Nas religiões orientais, ao contrário, há uma forte tendência a procurar evitar a reencarnação, pois ela significa a prisão do indivíduo na roda de nascimentos e mortes. A salvação dar-se-ia, apenas, quando se eliminasse o aspecto individual e se integrasse completamente à totalidade. Campbell faz essa observação para mostrar que esse processo de orientalização não significa uma homogeneização da religião em moldes orientais. O que conta é o modelo mais amplo, mas as particularidades permanecem.

Embora considerando o termo orientalização com ressalvas, pois pode levar a generalizações apressadas e fazer pensar que se trata de um único movimento, igual a cada parte, queremos dizer que o princípio mais geral nos ajuda a compreender a presença e o sucesso dos NMRs no contexto sociocultural.

QUESTÕES

1. Que mudanças da sociedade ocidental permitiram o surgimento e o avanço dos novos movimentos religiosos?
2. O que significa secularização? Será que os NMRs indicam o fim da secularização e o retorno do sagrado?
3. Como podemos entender essas novas religiões de tipo místico?

BIBLIOGRAFIA SUGERIDA

BRANDÃO, Carlos Rodrigues. A crise das instituições tradicionais produtoras de sentido. In: MOREIRA, A. & ZICMAN, R., orgs. *Misticismo e novas religiões*. Petrópolis, Vozes, 1994. pp. 23-41.

CAMPBELL, Colin. A orientalização do Ocidente: reflexões sobre uma nova teodicéia para um novo milênio. *Religião e Sociedade*, *18* (1), 1997.

AS CARACTERÍSTICAS DOS NOVOS MOVIMENTOS RELIGIOSOS

OBJETIVOS

- Perceber algumas características comuns a todos os NMRs, apesar da diversidade entre eles.
- Compreender o processo de conversão dos adeptos desses movimentos.

SUBSÍDIOS PARA APROFUNDAMENTO

O surgimento de um NMR e a conversão de um novo adepto

Levando em consideração o conceito de novos movimentos religiosos já analisado e tendo em mente o contexto sociocultural em que eles surgem, é preciso olhar, agora, de maneira mais aprofundada para as características dessas novas religiões.

Convém lembrar que as mudanças que vêm ocorrendo no meio sociocultural atingem amplos setores e não se restringem, apenas, aos segmentos numericamente pequenos dos NMRs. Isso significa que mesmo as religiões cristãs são, de certa maneira, afetadas por esse clima da nova consciência religiosa. Claro que as transformações atingem de maneira descompassada as religiões mais tradicionais. Pelo próprio peso das tradições e pela estrutura doutrinal e organizacional, as mudanças no interior dessas religiões se dão não apenas de maneira mais lenta, mas com outras características. Vários autores já apontaram para uma "novaerização" tanto do pentecostalismo como do movimento de renovação carismática da Igreja Católica.[1] Porém, um número considerável de seguidores permanece imune a essa nova espiritualidade. Isso significa não que a sociedade não esteja mudando, mas apenas que isto não se dá de maneira linear.

É nesse meio de ebulições e efervescências que surgem, como que em uma outra ponta de um imenso espectro, as novas religiões e, mais ainda, as novas formas de vivenciar as espiritualidades. Como já afirmado anteriormente, esses NMRs são extremamente diversificados. Vamos, agora, procurar caracterizá-los de forma que possamos compreendê-los como partes integrantes de um amplo segmento.

Percebemos que os NMRs surgem a partir de um forte sentimento de necessidade de mudança. As religiões estabelecidas e as formas de vivências até então dominantes não satisfazem, provocando rupturas e dissidências. Tal fato não é nenhuma novidade. Em todas as épocas podemos perceber que houve

---

[1] O termo "novaerização" significa que esses movimentos, internos a Igrejas cristãs tradicionais, estão assimilando elementos da chamada Nova Era. Sobre esse tema, conferir os artigos de Alexandre Brasil Fonseca, Nova Era evangélica, e de Airton Luiz Jungblut, O evangelho *new age*.

momentos de maior estabilidade e outros de surgimento de novidades. A título de exemplo, lembramos que em meados do século VI antes da era cristã, na Índia, surgiram novas correntes religiosas a partir do hinduísmo de então, originando tanto o budismo como o jainismo. Elas se transformaram em grandes religiões, ao mesmo tempo em que o hinduísmo permaneceu. Ao contrário, em outras épocas históricas é possível que não haja novidades em termos religiosos.

No nosso caso, em consonância com as mudanças em curso na sociedade, surge um panorama propício para novos discursos, críticas ao *establishment* e visões proféticas de uma nova ordem que seja livre dos males apontados e que propicie a plena realização do ser humano.

Em geral, podemos perceber que os grupos mais fortemente organizados, seja em termos doutrinários, seja em termos sociais, tiveram origem por meio de algum líder com forte personalidade, que se autoproclamava portador de uma verdade a ele revelada e chamado a liderar uma nova corrente espiritual. Na maioria dos casos, há uma opção marcante por não falar em corrente religiosa, pois a religião é muitas vezes confundida com aquilo que se quer combater, ou seja, as religiões tradicionais. Essa pessoa não precisa, necessariamente, ser um líder messiânico, que vem trazer a mensagem do caminho da salvação já apontado nas Escrituras. Pode ser um líder espiritual, como um guru hindu, a quem se deve total obediência e devoção. Há vários casos em que esse líder requer, para si próprio, uma infinidade de bens materiais, como imóveis, carros ou simplesmente dinheiro. Essa é uma das maiores críticas que se fazem aos NMRs, acabando por colocar em um mesmo balaio aqueles que são verdadeiros impostores e aqueles que, mesmo vivendo na opulência material, têm na mensagem espiritual seu ponto forte. A existência de alguns aproveitadores faz com que muitas pessoas apenas critiquem os NMRs, deixando de perceber a mensagem da necessidade de mudança e de crítica que fazem à nossa sociedade, perdendo, assim, a chance de olhar para os próprios erros e, quem sabe, corrigi-los.

Outra característica muitas vezes comum a todos os NMRs é a de se proclamarem como universais. Mesmo sendo uma mensagem oriunda de um segmento étnico específico, hindu, siberiano ou céltico, a doutrina deve estar aberta a todos. O discurso é de que essa mensagem trazida desses povos antigos está à disposição, agora, do habitante das grandes cidades modernas. Há aqueles que proclamam uma verdade única, e seus seguidores devem permanecer fiéis àquela tradição. Mais recentemente, no entanto, surgem aqueles grupos que afirmam fazer a síntese perfeita entre as mais diferentes correntes, tendo alcançado a verdadeira religião, acima de qualquer outra que exista. Em geral, seus líderes se autoproclamam precursores de uma linha direta que liga Moisés, Krishna, Buda, Jesus Cristo e Mohamed. As religiões antigas não são repudiadas, mas incorporadas naquela que se mostra como a mais verdadeira e a definitiva. Há todo um discurso de recuperação das origens e tradução dessas verdades para esse momento, que é decisivo, pois estando na iminência de uma grande catástrofe, só essa mensagem será capaz de resolver os problemas e promover a salvação da humanidade.

Claro que a salvação não se dará a toda a humanidade, mas apenas àqueles indivíduos que estiverem preparados e souberem aceitar a verdade trazida por esse novo líder ou grupo. Os membros desses movimentos costumam se sentir eleitos e manifestam um fervor na fé de tal maneira que empreendem um zelo muito grande e devotam suas energias, e às vezes até seus bens materiais, pelo grupo ou líder espiritual. Há a plena convicção de que são puros e foram escolhidos para uma missão. Além disso, há a certeza de que detêm a razão e a verdade, aumentando seu poder de convencimento e proselitismo, uma vez que os novos membros são colocados para divulgar o movimento e trazerem novos fiéis. As práticas são marcadas por uma postura rigorosa, pela obediência e submissão aos líderes. O tom ascético é enaltecido. Em geral, há ameaças para aqueles que demonstram arrependimento de terem se convertido e desejo de sair do grupo. São vistos como não merecedores da salvação e todo sinal de fraqueza de algum integrante, uma vez percebido por outros, deve ser prontamente combatido.

Os grupos mais sectários exigem uma ruptura radical do novo membro com seus laços anteriores. O indivíduo é convencido a abandonar sua casa e familiares para viver em uma nova comunidade de eleitos. Os amigos de antes perdem seus encantos, pois passam a ser vistos como portadores do mal a ser combatido e incapazes de reconhecer a verdade que o novo membro agora porta. Isso aumenta, inclusive, a sensação de segurança e convencimento de que ele é um eleito dentre muitos que continuarão perdidos. A ruptura requer, muitas vezes, a própria renúncia ao nome de batismo, ao emprego e aos estudos que antes empreendia.

Há uma grande variedade entre os tipos de pertencimento. Para muitos dos NMRs de hoje e, principalmente nos primeiros NMRs, até então denominados seitas, a conversão é total. Seus membros agem como verdadeiros monges e estão totalmente comprometidos com a instituição, moram na comunidade ou templo e trabalham em tempo integral para o movimento. Ultimamente tem crescido o número de adeptos, mesmo entre os grupos mais fechados, de membros externos, ou seja, que mantêm em sua vida compromissos com o meio social mais amplo e que podem freqüentar o espaço religioso apenas semanalmente para um ritual, palestra ou outro serviço. Há, ainda, os simpatizantes, que concordam com as práticas e crenças do grupo, mas que não chegam a afetar suas vidas por isso. Esses últimos, muitas vezes, podem até aderir integralmente ao movimento. Em geral, quando perguntados, dizem nominalmente pertencer a essas religiões.

Entre os NMRs há uma rotatividade muito grande dos pertencentes. A insatisfação com alguma coisa particular, seja pessoal ou mesmo em nível de doutrina, faz o devoto buscar uma nova adesão, somando em sua biografia mais uma passagem por uma religião diferente. Nos grupos mais abertos e nas práticas típicas da Nova Era, o trânsito do indivíduo entre as diferentes denominações não é constante, bem como o pertencimento pode ser múltiplo. Assim, é comum vermos as mais diferentes composições, impedindo até uma definição clara do pertencimento desse fiel.

Não é possível traçar um perfil sociológico preciso dos adeptos dos NMRs. Estudos estatísticos mais abrangentes são escassos e os poucos que existem apontam para uma composição marcadamente de classe média, com boa escolaridade e não familiarizados com uma prática religiosa herdada da família. Em geral, a entrada para um NMR se dá logo após a adolescência, quando o sujeito se vê diante de escolhas que marcarão sua vida dali para frente. É um período de intensa experimentação, sendo que o contato com um NMR pode tanto parecer uma novidade atraente como uma experiência plena de significado.

O que realmente se passa na cabeça de um indivíduo que se converte a uma nova religião? Difícil saber e qualquer tentativa de explicação estaria fora do alcance deste livro. Além disso, não há consenso sobre o que constitui, ou não, uma verdadeira conversão. Em geral, os estudiosos concordam que no processo de conversão podem-se alterar profundamente as crenças e valores, o comportamento, a identidade e as lealdades interpessoais. O tema da conversão tem sido bastante estudado, pois revela um aspecto importante, afinal trata-se de uma mudança radical na vida de uma pessoa, além do que sem a conversão não existiriam novas religiões.

A conversão pode se dar por iniciativa própria da pessoa que busca alternativas para sua vida. Sem apelo místico ou coerção externa, essa conversão é entendida como sendo mais intelectual do que de qualquer outra ordem. Pode haver, também, uma conversão quando o indivíduo experimenta algo místico, interior e, a partir daí, sai em busca de algum movimento que satisfaça suas necessidades. Na maioria dos casos, podemos perceber uma adesão por contato, quando a pessoa começa a freqüentar determinados serviços religiosos, por curiosidade ou por acompanhar algum conhecido, e aos poucos começa a se envolver mais fortemente com o grupo. Porém, não podemos deixar de lado a influência recebida por meio dos exemplos dados por outras pessoas, sejam elas famosas, sejam do círculo mais próximo do novo adepto. Há um forte apelo midiático nos NMRs. Quando alguém famoso, principalmente se ligado à cultura jovem, como artistas, músicos ou outros, se converte a um NMR, a mídia costuma divulgar, por meio de entrevistas com o converso ou mesmo reportagens mais sensacionalistas, as causas que levaram essa pessoa a mudar sua vida. Para muitos, é grande o grau de convencimento e acabam se identificando com seu ídolo e também se convertendo.

Há diferenças entre conversão e recrutamento a um NMR. Na conversão, a transformação é tanto interior e subjetiva como exterior, transparecendo nos aspectos visíveis da vida individual. No recrutamento pode haver mudança no comportamento, sem haver um verdadeiro comprometimento com o novo sistema de crenças. A adesão à fé só viria depois de um tempo de participação junto com o grupo.

Muitos são aqueles que, uma vez no circuito dos NMRs, ali permanecem. Assim, a primeira conversão tem características radicais, mas as mudanças ocorridas na seqüência são muito mais um acúmulo de experiências na bagagem identitária. É comum percebermos indivíduos que já haviam abandonado suas famílias e estavam "na estrada", para usar uma expressão muito difundida no meio. Levando uma vida desregrada, sem estabelecer vínculos mais profundos e, em geral, envoltos em consumo de drogas, esses indivíduos enxergam nos NMRs uma nova família, com regras claras entre o que se pode ou não praticar, seja no sexo, nas drogas ou mesmo na alimentação. A realização de uma esperança de salvação, o senso de pertencimento a uma comunidade e a oportunidade de desenvolver um relacionamento com Deus e desenvolver sua espiritualidade contam muito para esse indivíduo até então desorientado. Mas é principalmente em relação aos laços societários que o apego ao NMR se faz mais evidente.

Como muitos dos NMRs já existem há mais de duas décadas, passam agora a ter um número considerável de membros de segunda geração. Isso pode trazer os mesmos problemas que os primeiros adeptos tiveram quando de suas conversões. Será que esses jovens de agora, que sempre viveram nessas comunidades religiosas, terão o mesmo grau de aversão à sociedade ocidental que seus pais tiveram anteriormente? Será que a sociedade de consumo não os atrairá no sentido inverso que causou repulsa a seus pais? Estudos mais aprofundados sobre essas questões ainda estão para serem feitos. O que é interessante notar é que, no caso brasileiro, essa questão não parece ser tão preocupante como em muitos países europeus ou mesmo nos Estados Unidos. A composição dos NMRs por aqui aponta um número muito menor de grupos exclusivistas. Nos casos desse tipo, a rotatividade exagerada faz com que seja pequeno o número de adeptos que permanecem, têm filhos e os criam dentro das novas crenças e dessa nova visão de mundo. Sabemos, porém, de casos reais de conflitos, e outros de permanência, entre membros de movimentos como a ISKCON, demonstrando que a questão também se faz presente entre nós.

As relações entre o convertido e a sociedade

O significado que um NMR pode ter para seus membros, assim como a intensidade das vivências, pode variar tanto de indivíduo para indivíduo como de grupo para grupo. Pode variar, inclusive, conforme a posição desse indivíduo no interior do movimento. Se a pessoa é um neófito ou se é um membro de *status* mais elevado, ou ainda, dependendo do seu gênero, tudo pode ser muito diferente. Em alguns movimentos se valoriza a participação feminina, enquanto em outros a mulher acaba relegada a uma posição inferiorizada e dificilmente chega a assumir o papel de liderança ou de sacerdotisa. Para muitos devotos, entrar em um NMR pode significar a coisa mais importante que lhes aconteceu, pois sua vida mudou, encontrou sentido e esperança de salvação. Para outros, no entanto, a experiência que parecia maravilhosa em um primeiro momento, pode vir a se tornar decepcionante. Alguns podem até se sentir desiludidos ou pensar que foram enganados e manipulados.

Ao mesmo tempo em que para o indivíduo a conversão representa o início de uma nova vida, mais plena e significativa, pode ter significados negativos para as pessoas que conviviam com ele, como familiares e amigos. Embora alguns possam compreender a felicidade alheia, para muitos familiares o sentimento é de perda profunda. A metáfora da morte é muitas vezes utilizada. Muitos sentem a presença de seus filhos em um movimento do mesmo jeito como se estivessem envolvidos com drogas. Entre os amigos acontece algo semelhante. Embora alguns compreendam a atitude tomada e até sintam vontade de conhecer o movimento, a maioria se afasta e termina por nunca mais ver a pessoa que se converteu.

A imprensa tem divulgado, não raras vezes, tentativas de resgates realizadas por pais desesperados ou ainda por algum membro de casais separados cujo companheiro se converteu a algum movimento levando junto os filhos em comum. Houve casos, no Brasil, em que a Justiça foi acionada e a própria polícia teve de intervir para resgatar as crianças.

É comum a acusação, por parte dos pais, de que seus filhos sofreram lavagem cerebral, tamanho é seu grau de convencimento ao falar da nova vida e dos valores relacionados a ela. No Brasil, a questão da conversão não chega a ser um problema tão marcante como em outros países. Nos Estados Unidos é comum pais procurarem associações especializadas em reaver jovens de entre os NMRs para promover uma lavagem cerebral ao contrário, como uma desprogramação. Esses movimentos anticultos, iniciados nos Estados Unidos, logo se espalharam por vários outros países. É claro que essas atividades, feitas à revelia do membro do grupo religioso, levantam sérios questionamentos éticos. Até que ponto temos o direito de nos intrometer na vida de uma pessoa adulta que tem liberdade e autonomia? O mesmo pode ser dito quando o Estado intervém em certas seitas com o intuito de resgatar os adeptos que estariam sendo forçados por falsos líderes. Estamos diante de um sério problema de julgamento. Mesmo sabendo que muitos ex-membros agradecem por terem sido trazidos de volta a seu antigo ambiente, há muitos que não apenas optaram por estar no grupo religioso por livre e consciente desejo, mas que também estão muito felizes com isso. Que direito temos de achar que eles estão errados e que devemos intervir pelo seu próprio bem? Não há dúvida de que se trata de uma questão polêmica, que merece uma reflexão desapaixonada.

É preciso questionar o papel do Estado nesse assunto. Como ficam as leis que garantem a liberdade de culto? Um caso recente no Japão é ilustrativo. Após o atentado com gás venenoso no metrô de Tóquio, promovido pela seita *Aum Shinrikyo*, o governo japonês implementou leis bastante severas que dificultam a atuação de vários outros grupos. Claro que não podemos concordar com atitudes violentas ou até terroristas, mas é preciso distinguir os grupos que agem em prejuízo da sociedade, que não formam senão uma pequena minoria, daqueles voltados para a devoção religiosa.

Muitos cientistas da religião de países europeus se preocupam diretamente com essas questões, colocando-se tanto ao lado dos pais, fornecendo informações sobre o que se passa com seus filhos, como do lado dos movimentos, procurando, por meio da divulgação de informações, dissolver um pouco as suspeitas que recaem sobre eles. Algumas associações e centros de estudos foram formados justamente com o intuito de desmistificar essa "ameaça" e lutar pelo direito de liberdade religiosa.[2]

Até aqui temos tratado dos membros pertencentes aos grupos religiosos que são facilmente identificados como NMRs. A muitos deles cabe o conceito de seita, conforme vimos no primeiro capítulo. O caráter sectário desses movimentos impõe marcas identitárias bastante claras ao indivíduo que se converteu. Porém, lembramos que a realidade daquilo que entendemos por "novas religiosidades" vai muito além desses grupos que possuem fronteiras bem distintas. A grande maioria dos NMRs e, inclusive, a maioria dos adeptos diz respeito às novas vivências de espiritualidade, em que não apenas os contornos são fluidos, mas a própria idéia de conversão não se faz presente.

---

[2] É o caso do INFORM (www.inform.ac), na Inglaterra, e do CESNUR (www.cesnur. org), na Itália.

No caso brasileiro, mesmo entre os grupos mais sectários, não há rigidez nas fronteiras. Nos demais países ocidentais, sejam da Europa, da América do Norte ou mesmo na Argentina ou Chile, a conversão duradoura a uma nova religião parece ser mais forte que a simples adesão temporária e o trânsito tão comum que vemos por aqui. Os movimentos e grupos religiosos atuam com maior visibilidade, inclusive no campo da ação pública. No Brasil tudo fica mais solto e diluído.

Os NMRs no Brasil, de maneira geral, não se caracterizam por posturas sectárias, mas estão sempre abertos ao diálogo, postulando caminhos próprios para chegar ao que acreditam ser o mesmo Deus. É difícil vermos conflitos entre grupos sectários. Mesmo uma religião que exija uma conversão radical, como a ISKCON, ao longo do tempo começou a afrouxar suas amarras e os fiéis começaram a transitar livremente. Há pouco tempo, em uma conversa com uma devota, ficamos sabendo da existência de hare-cristãos, hare-daimistas e até hare-budistas (denominações nativas). O mesmo acontece com a umbandaime, ou seja, uma forma nova de vivenciar a religião do santo-daime, incorporando elementos próprios com outros oriundos da umbanda.

O indivíduo não precisa mais se converter. Basta transitar por entre as diferentes agências que oferecem vivências religiosas de nova ordem. Muitos líderes religiosos que antes exigiam comportamentos exclusivos começam agora a afrouxar as exigências, embora no discurso permaneça a imposição da conversão. Claro que essa não é uma regra que vale a todos os NMRs. Alguns permanecem extremamente fechados. Dificilmente um membro de um movimento como "A Família" poderá transitar por outros grupos.

Parece-nos que o trânsito entre os grupos é possível à medida que se crê em uma unidade de todas as coisas, em uma verdade que perpassa as várias revelações religiosas e que está acima de todas elas. Como quem alcança essa verdade é o indivíduo, por meio de seu empenho pessoal, podem-se percorrer diferentes caminhos, muitas vezes compondo um novo com a miscigenação de vários outros. Somando-se a isso a tendência à negação das instituições, temos, conseqüentemente, caminho livre para o trânsito sem fronteiras.

Uma característica brasileira, que difere nossa realidade da dos países europeus ou mesmo dos Estados Unidos, diz respeito à postura da sociedade em geral diante dos novos grupos religiosos e que acaba refletindo nas interpretações advindas das Ciências da Religião acerca desse fenômeno. Talvez devido à formação histórica em relação à religião, encontramos aqui uma grande tolerância e admissão de novas formas de vivenciar as religiosidades. A história do catolicismo em nosso país — até hoje a denominação religiosa da maioria dos brasileiros — foi marcada por uma característica peculiar: o distanciamento dos fiéis diante da ortodoxia e do clero oficial. Tal fato possibilitou vivências múltiplas, sincréticas ou mesmo a construção de um catolicismo rústico e popular, distante de regras muito rígidas. A incorporação de elementos religiosos indígenas e africanos sempre foi uma constante. O candomblé, embora já perseguido no passado, hoje é plenamente aceito e institucionalizado, sem deixar de ser para muitos uma espécie de serviço mágico que se vivencia em duplicidade com o catolicismo. Não há problema ou conflito algum aqui. A composição da religiosidade brasileira já foi chamada de "matriz religiosa", ou mesmo de "religião mínima brasileira". Essa matriz, composta de crenças, práticas e símbolos católicos, afro-brasileiros, indígenas, espíritas e protestantes, é compreendida não apenas como uma composição desses diferentes elementos, mas por suas múltiplas combinações. Disso resulta não apenas a constituição de religiões muito particulares, próprias de nossa sociedade, como a umbanda e o santo-daime, mas na possibilidade de o indivíduo vivenciar duas ou mais delas simultaneamente. Conforme o personagem de João Guimarães Rosa, Riobaldo Tatarana, tantas vezes citado entre estudiosos das religiões brasileiras, o brasileiro procura "muita religião, pois uma só é pouca".

Mais recentemente, com a ampliação da complexidade social, outros elementos entraram em cena, mas a prática da incorporação e tolerância permaneceu. Várias análises apontam para o caráter múltiplo do catolicismo brasileiro, bem como para a constituição de um *ethos* religioso brasileiro profundamente sincrético.[3] Assim, para a sociedade brasileira, as novas religiões nunca se configuraram como ameaças e, salvo algumas exceções, o campo foi marcado por uma ampla tolerância. Os estudiosos das novas religiões não se preocuparam, portanto, com possíveis facetas das seitas ou cultos como ameaças à integridade das famílias, nem mesmo com as implicações legais decorrentes da cooptação de jovens e possíveis lavagens cerebrais praticadas por esses novos grupos. Algumas preocupações, apenas, vieram de análises internas à própria Igreja, principalmente em relação à Nova Era, tratada muitas vezes como neopaganismo.[4]

---

[3] Cf. SANCHIS, P. O campo religioso contemporâneo no Brasil; CARVALHO, J. J. O encontro de velhas e novas religiões.

[4] Cf. KOLLING, J. I. *Misticismo e Nova Era*; ALMEIDA, J. C. *Nova era e fé cristã*.

Diante dessa imensa diversidade, será que podemos continuar colocando todos esses movimentos sob uma mesma denominação, ou seja, procurar entender todos eles sob a designação de NMRs? Lembramos que um dos objetivos da criação desse conceito de novos movimentos religiosos foi o de dar conta do que acontecia de novo em termos religiosos no interior da sociedade ocidental. Em um primeiro momento, os NMRs guardavam ampla semelhança entre si e se constituíam claramente enquanto seitas. Porém, a sociedade continuou em transformação e, com ela, também as religiões. As novas formas de vivenciar, ou experimentar, a religiosidade trouxeram desafios a todo aquele que deseja compreender o que anda acontecendo no campo religioso. Essas mudanças ocorreram após a década de 1960, mas principalmente a partir da de 1980, com a expansão e multiplicação de formas de vivência da Nova Era. Porém, a forma de engajamento dos adeptos é distinta. Com certeza, os sentimentos de envolvimento e devoção também são muito diferentes entre os movimentos. Isso tudo demonstra que a sociedade é muito mais dinâmica e rica do que os cientistas ou mesmo os defensores das grandes religiões gostariam que fosse. Nesse sentido, convém sempre lembrar que quando falamos em NMR queremos dizer uma infinidade de coisas diferentes e que talvez o elemento comum seja que toda essa imensa diversidade representa justamente a novidade do campo religioso.

QUESTÕES

1. Como surgem os NMRs?
2. Quais são as possíveis características que os diferentes NMRs têm em comum?
3. Qual a diferença entre conversão e trânsito religioso?

BIBLIOGRAFIA SUGERIDA

CNBB. *A Igreja Católica diante do pluralismo religioso no Brasil.* São Paulo, Paulus, 1994. v. III. (Col. Estudos da CNBB, 71.)

HERVIEU-LÉGER, Danièle. Representam os surtos emocionais contemporâneos o fim da secularização ou o fim da religião? *Religião e Sociedade,* 18 (1): 31-47, 1997.

IV

AS NOVAS RELIGIÕES NA SOCIEDADE BRASILEIRA

OBJETIVOS

- Estabelecer uma tipologia dos NMRs da sociedade brasileira.
- Demonstrar a variedade de NMRs existente hoje.

SUBSÍDIOS PARA APROFUNDAMENTO

A dupla tendência dos NMRs: fundamentalismo e relativismo

Várias foram as tentativas de estabelecer uma tipologia que desse conta dos NMRs e possibilitasse uma apreensão intelectiva de suas dinâmicas internas. Há classificações que levam em conta a inserção na sociedade mais ampla. Outras procuram olhar mais para a dimensão teológica dos movimentos. Outras dividem os NMRs pela origem da tradição propagada pela doutrina. Há aquelas, ainda, que na tentativa de dar conta da variedade estabelecem inúmeras divisões. Cada uma tem suas vantagens e também seus pontos fracos. Queremos aqui não estabelecer mais uma tipologia, mas perceber algumas tendências no amplo espectro em que se situam os NMRs. Acreditamos que este caminho nos oferece uma possibilidade de análise panorâmica, sem deixar de ser incisiva. Além do mais, estamos olhando para as particularidades da sociedade brasileira, o que nem todas as tipologias existentes fazem.

Partindo do amplo campo dos NMRs, demonstrado nos capítulos anteriores, percebemos, de um lado, a existência de grupos fechados e sectários. Esses movimentos tendem ao fundamentalismo, na medida em que baseiam suas doutrinas e suas práticas em uma verdade fundamental que foi revelada e que é garantida pelo grupo por meio de seus líderes. De outro, temos um profundo relativismo, no qual todas as combinações parecem possíveis. Aparece, aqui, uma plêiade de vivências distintas, algumas mais próximas de grupos religiosos, outras dificilmente percebidas como uma religião.

Uma das características principais da nova consciência religiosa é justamente a possibilidade de autonomia e constituição variada de uma "religião individual". Poderíamos até pensar que, em vez de uma verdade revelada, temos uma verdade intuída. Nos grupos mais fechados, a verdade é revelada e transmitida por um profeta ou mensageiro, legítimo representante das divindades aqui na terra. Deve-se obedecer incondicionalmente a esse líder e seguir seus passos, pois só assim se alcançará a salvação. Na outra ponta do espectro, temos a construção subjetiva, por meio da valorização de um conhecimento de ordem intuitiva, em que cada indivíduo deve deixar-se possuir pela energia cósmica, sentir a verdade dentro de si e, depois, realizar o trabalho necessário para atingir a salvação. Esta salvação, ou realização plena, como se costuma denominar, não acontece fora desse mundo, mas pode muito bem significar o bem-estar e a integração com a totalidade. De um lado, há aqueles que se apegam a uma verdade fundamental, não aceitando qualquer outra possibilidade de verdade que não seja a do seu próprio grupo. De outro, há um conjunto de grupos distintos e de vivências isoladas que pregam um relativismo que, em seus extremos, beira as raias de um paradoxal relativismo absoluto.

Françoise Champion já apontava para essa dupla tendência.[1] De um lado aparecem os grupos fundamentalistas e separatistas. De acordo com a autora, nesses grupos há um forte componente daquilo que Weber chamou de "via ética", pois procuram uma resposta aos erros encontrados na sociedade por meio de um rígido comportamento moral. Por outro lado, aparecem os grupos mais voltados ao relativismo e também às buscas individuais. São religiosidades paralelas, não institucionalizadas.

Ao mesmo tempo em que cresce a variedade religiosa e a sociedade escuta cada vez mais a ciência e utiliza a tecnologia, um outro movimento contrário ganha corpo: o fundamentalismo. Ao que parece, está fora do escopo da modernidade e da secularização apontado anteriormente. Porém, a própria modernidade alimenta suas contradições. Podemos fazer conviver fundamentalismos com profundos relativismos! Vários grupos fecham suas fronteiras; apregoam uma única verdade: a sua. Procuram restaurar uma autenticidade que foi perdida.

---

[1] Cf. CHAMPION, F. Les sociologues de la post-modernité religieuse et la nébuleuse mystique-ésotérique.

Podem surgir grupos exclusivistas (como os judeus orto-doxos ou os shakes) como podem surgir, também, grupos que usam o fundamentalismo como embasamento para atividades políticas e violentas (grupos islâmicos como o Talebã ou a Al Qaeda). Mas os evangélicos pentecostais, entre nós, também podem ser vistos como fundamentalistas. Na periferia de grandes cidades, como Rio de Janeiro ou mesmo Salvador, não é raro presenciarmos a ação de algum grupo evangélico contra terreiros de umbanda ou candomblé. Outro exemplo desse fundamentalismo tupiniquim pode ser visto na resistência ao ensino do evolucionismo nas escolas, procurando impor a visão bíblica da criação.

Além dos exclusivismos e dos fundamentalismos, surgem inúmeros relativismos em que a verdade está sempre no plural. Alguns grupos, colocados em conjunto com os NMRs, pois compartilham das mesmas características, chegam até mesmo a questionar ou rejeitar a religião. Um exemplo é o movimento humanista. Este grupo enfatiza a ética humana sem necessaria-mente um vínculo sobrenatural; busca uma elevação/crescimento sem ser pela fé ou devoção. Tem raízes nas filosofias não teístas do Oriente, no pensamento clássico grego, no Iluminismo e no racionalismo científico.

A sociedade brasileira é marcada por uma profunda diver-sidade de práticas religiosas. As fronteiras não são rígidas e as ofertas são múltiplas e cada vez mais amplas. Apesar disso, os dados censitários e algumas análises apontam para o fato de que a maior variedade ainda acontece dentro do campo cristão, com um significativo declínio do catolicismo e crescimento dos grupos de cunho evangélico pentecostal.[2] As novas religiões diferentes das cristãs e as vivências de religiosidades diversas, como vimos, passam praticamente desapercebidas em termos numéricos, apesar de extremamente significativas se pensadas em suas contribuições simbólicas e nas possibilidades de escolhas que oferecem. Além das mais diferentes possibilidades de vivenciar o cristianismo, como as práticas variadas do catolicismo e as multiplicações intermináveis dos evangélicos, das tradições afro-brasileiras como candomblé e xangô, da umbanda e do espiritismo e suas variantes, das tradições indígenas e das religiões estrangeiras restritas a grupos étnicos, existe por aqui uma enorme variedade de outras religiões ou práticas de religiosidades distintas. Encontramos construções tipicamente nacionais, como o Santo-Daime e a Ordem Espiritualista Cristã (Vale do Amanhecer) e outras importadas, como a ISKCON, a Igreja da Unificação, o budismo tibetano, ou mesmo as práticas de cunho espiritualista, longe de constituírem-se em movimentos religiosos *stricto senso*, como o mahikari, os oráculos mais variados ou as danças circulares sagradas e os xamanismos da Nova Era.

Entendemos que as formas pelas quais aparecem as novas crenças e vivências religiosas são historicamente marcadas, carregando os traços da sociedade abrangente. Tal é o caso da ISKCON no Brasil, que aqui chegou em 1974 e até hoje permanece como a mais sólida instituição religiosa de cunho orientalista não vinculada a grupos étnicos. Se nos primeiros momentos aparecia como possibilidade de uma vivência exótica de uma espiritualidade

---

[2] PIERUCCI, A. F. "Bye, bye, Brasil" – o declínio das religiões tradicionais no censo 2000, p. 21.

oriental, hoje compõe o cenário religioso brasileiro mais amplo disputando espaço com outras denominações. Essa transformação fez com que a ISKCON se adaptasse ao modo ocidental de ser.[3] O movimento *hare krishna* é, ou pretende ser, igual em todo canto, mas termina assumindo características locais devido aos estereótipos da cultura em que se insere e às idiossincrasias de suas lideranças. De maneira geral, o *ethos* americano, dado que a expansão do movimento partiu dos EUA, empreendeu à ISKCON uma estrutura rígida muito mais próxima de algumas Igrejas cristãs que a uma seita oriental. Entre nós, é interessante notar certo paralelismo entre o que acontece nesse movimento e aquelas características de independência diante da ortodoxia, sincretismo e mobilidade. Essa forma de viver a religião acabou influenciando os próprios rumos do movimento *hare krishna* por aqui. Muito além de ser uma corrente hindu dentro dos moldes tradicionais da vivência e aprendizagem com o guru, a ISKCON é mais uma religião ocidental com crenças em mitos e símbolos védicos.

Uma tipologia dos NMRs

Tendo em vista as características gerais do campo religioso brasileiro, podemos traçar agora uma tipologia que nos permita perceber a dinâmica mais ampla das novas religiões.

Primeiramente, podemos apontar para os novos grupos surgidos no interior das grandes religiões cristãs aqui constituídas.

---

[3] Cf. GUERRIERO, S. L'ISKCON au Brésil, pp. 243-245.

Poderia bem ser o caso específico do Movimento Carismático Católico e da expansão dos neopentecostais. Convém ressaltar que durante todo o livro não incluímos os pentecostais ou a renovação carismática entre os NMRs. Para muitos autores estrangeiros essa dúvida não existiria e esses movimentos seriam, sim, NMRs. O critério para definição de novo, nesse caso, seria o de ruptura com os moldes tradicionais de vivenciar a religião em cada sociedade. Se para um país europeu, uma Igreja pentecostal destoa amplamente da religião tradicional e seus adeptos estão rompendo com os laços sociais até então constituídos, então não vemos problemas em ser considerado um NMR. Mas isso não acontece no Brasil. Tanto os pentecostais como a renovação carismática fazem parte do cenário religioso brasileiro e não constituem mais uma novidade no jeito de lidar com a religião. Na literatura acadêmica há uma longa tradição de estudos do pentecostalismo sem vê-lo em conjunto com os NMRs. Porém, se olharmos para algumas das novas Igrejas evangélicas atuais, perceberemos vários traços que não se diferenciam de um NMR. É o caso da Igreja Sara Nossa Terra, da Bola de Neve e outras. Se considerássemos esses grupos entre os NMRs, teríamos, sem dúvida, o número mais expressivo de participantes dentre todos os novos movimentos. Porém, não estamos incluindo, aqui, os pentecostais e nem a renovação carismática, embora o crescimento desses movimentos em muito se deva aos mesmos fatores que fazem surgir e crescer os NMRs. Nesse primeiro grupo restaria, portanto, um número reduzido de grupos. Muitos destes datam do século XIX e não poderiam ser chamados de novos, mas continuam atuando até os nossos dias com forte característica sectária. Alguns estudiosos e, claro, pessoas ligadas às Igrejas cristãs tradicionais, costumam dizer que esses grupos, apesar de terem origem no cristianismo e se dizerem portadores de uma nova mensagem evangélica, estão cada vez mais distantes de se constituírem em Igrejas cristãs. Como característica teológica mais forte, esses grupos crêem terem alcançado uma verdade absoluta, gerando posicionamentos muitas vezes fundamentalistas. Deste primeiro tipo de NMR no Brasil destacamos "A Família" (ex-meninos de Deus), o grupo Jesus Freaks (movimento de jovens ligados à música *gospel*), a Igreja Adventista do Sétimo Dia, as Testemunhas de Jeová, a Igreja de Jesus Cristo dos Santos dos Últimos Dias (mórmons), a Ciência Cristã, o Exército da Salvação, entre outros.

Um segundo grupo pode ser demarcado pelos movimentos religiosos externos às grandes religiões constituídas. Trata-se da formação de novos grupos com forte ênfase na busca de uma salvação diante do mal que se encontra no mundo atual. Há uma negação e ruptura em relação à cultura abrangente e à ortodoxia religiosa. Buscam o resgate de uma tradição que se perdeu. Variam na forma de como se dará a salvação. Alguns apresentam uma forma nitidamente religiosa, com hierarquia eclesial, formação de uma comunidade moral e rigidez doutrinária. Outros assumem características menos rígidas, como o Instituto Osho Brasil, a Organização Brahma Kumaris, a Organização Sathya Sai Baba, entre outros. A maioria, neste caso, possui fortes inclinações orientalistas, mas podemos inserir, também, o Santo-Daime, a União do Vegetal, a Barquinha e outras que, apesar de não estarem ligadas diretamente a grandes religiões mundiais, guardam relações com religiões fortemente instituídas em solo nacional. Formam desde comunidades rurais a centros devocionais nas grandes cidades. Por defenderem uma verdade única e negarem outros caminhos, acabam por assumir uma postura nitidamente fundamentalista. Seus adeptos em geral não estavam inseridos no campo religioso, ao menos não nas grandes religiões tradicionais. Buscam nesses movimentos religiosos uma experiência diferente da educação que receberam. Há uma forte insatisfação com as religiões instituídas. Apesar de apresentarem estruturas muitas vezes fechadas, os adeptos costumam transitar muitas vezes entre esses centros, assumindo identidades passageiras, mais que identidades múltiplas. Um devoto da União do Vegetal hoje pode ser de Sai Baba amanhã. Em geral, o recorte sociológico é formado nitidamente por uma liderança advinda de classes sociais mais altas, com alta escolaridade, e os seguidores vindos de estratos mais baixos. São estes que mais participam do trânsito e são muitas vezes vistos como "errantes". Se entre as lideranças a postura é mais fundamentalista, entre esses últimos o discurso é muitas vezes relativizado. Podemos incluir nesse mesmo tipo os grupos mais ecumênicos, sem contornos religiosos rígidos e que pregam uma verdade eclética, mas também fundamental. Entre eles destacamos o Vale do Amanhecer e a Legião da Boa Vontade. Em alguns desses grupos percebemos uma forte ressignificação dos símbolos da cultura brasileira. Mais recentemente, surgiram grupos em nossa sociedade que se baseiam em tradições orientais, mas praticam uma leitura muito particular delas. Geralmente funcionam na casa de algum líder convertido a um NMR anteriormente e que, após romper com o grupo, empreende um caminho próprio. Alguns estabelecem verdadeiros sincretismos pessoais, juntando imagens de santos católicos ou mesmo de Jesus Cristo com deidades hindus e figuras de Buda. Podem fazer como meditação védica e ingestão de *ayahuasca* (bebida utilizada pelos adeptos do Santo-Daime e congêneres). Fogem, assim, de uma configuração parecida com uma Igreja e se aproximam muito dos vários grupos esotéricos da Nova Era. Apenas a título de exemplo, citamos a seguir alguns dos expoentes desse segundo tipo, como a ISKCON, o Instituto Osho Brasil (anteriormente denominado Rajneesh, mas que após sofrer inúmeras denúncias de extorsão e lavagem de dinheiro e retornar à Índia, acabou assumindo o novo nome, que significa "o abençoado"), a Ananda Marga, a Organização Brahma Kumaris, a Organização Sathya Sai Baba, o Santo-Daime, a União do Vegetal, a Barquinha, a Fé Bahaí, a Associação Muçulmana Ahmadiya, o grupo Tenrikyô, a Ordem Espiritualista Cristã (Vale do Amanhecer), a Legião da Boa Vontade e a meditação transcendental (de Maharishi Maheshi).

O terceiro tipo dentre as novas religiões pode ser atribuído às novas religiões originadas no Oriente. Em geral, esses grupos se destacam por terem sido trazidos para o Brasil pelos próprios imigrantes, principalmente japoneses. Nos últimos anos, se expandiram e ganharam adeptos na sociedade mais ampla. Possuem uma doutrina com contornos bem definidos e uma verdade estabelecida. Buscam a construção de um novo tempo e se organizam em torno de um líder carismático. Entre eles podemos citar a Soka Gakkai, a Igreja Messiânica Mundial, a Seicho-No-Ie, o Mahikari, a Igreja da Unificação (do reverendo Moon), a Perfect

Liberty e outras. Apesar do discurso tolerante, podemos entender que esses grupos tendem a um fundamentalismo no sentido de se verem possuidores de uma verdade superior às demais.

Por fim, o quarto tipo, mais amplo, é formado por grupos diversos, sem liderança fixa, de cunho ocultista ou esotérico, muitas vezes identificados como sendo de Nova Era. É comum que esses grupos sejam freqüentados por adeptos de diferentes denominações religiosas, principalmente porque não há um contorno rígido e muitos se afirmam como não-religiosos. A maioria advém das camadas mais elevadas, com alto grau de escolaridade. Muitos desses grupos não são tão novos no Brasil e nem entrariam nas definições rígidas de novos movimentos religiosos que tomassem o critério da época de surgimento como um critério excludente. É o caso da Rosa-Cruz e do Círculo Esotérico da Comunhão do Pensamento. Outros são mais recentes, como a Sociedade Antroposófica, a umbanda esotérica, os diversos grupos da Nova Era ou os xamanismos urbanos. A ênfase recai, muitas vezes, em uma busca da verdade por meio de estudos, da potencialização da mente e da transformação mais ampla do indivíduo. Em muitos desses grupos há um forte apelo relativista, não apenas pela incorporação de símbolos religiosos de culturas muito diferentes e distantes, como também pelo discurso de que todos os caminhos são válidos para chegar à iluminação. Podemos até perceber que o excesso de valores acaba gerando uma ausência destes e que a relativização de maneira absoluta se transforma em um novo fundamento da verdade. Isso pode gerar os inúmeros sincretismos e errâncias, tão marcantes entre esses grupos, com uma incorporação muito fácil de tudo o que é "novo" e que facilita a salvação. Em geral, há forte rejeição dos valores atuais. Negam a ciência moderna, mas lançam mão de uma nova ciência, sob novos paradigmas, para fundamentar sua noção de verdade. É expressiva a presença de espaços esotéricos que oferecem cursos e vivências de atividades visando ao desenvolvimento pessoal e ao bem-estar. Um cliente desses espaços é justamente isso, ou seja, um cliente e não um devoto ou fiel. Podem-se comprar serviços mágicos, consultar oráculos ou, ainda, praticar danças sagradas. O mais comum e divulgado, que acaba atraindo o maior número de clientes, são as terapias, sejam elas corporais, mentais ou espirituais, quando não todas integradas.

Entre os grupos mais organizados e ligados ao esoterismo, à religião ou mesmo direcionados aos estudos iniciáticos, podemos citar a Wicca, a Ordem Rosa-Cruz (Amorc), a Fraternidade Rosa-Cruz, a Fraternidade Branca Universal, a Igreja da Cientologia, a Nova Acrópolis, a Fraternidade Pax Universal, a Sociedade Antroposófica, o Movimento do Potencial Humano, a Sociedade Teosófica do Brasil, o Instituto 3HO, o Instituto Nyingma do Brasil, o Instituto de Estudos Xamânicos Paz Geia, o Centro de Estudos Filosóficos Palas Athena, a Sociedade Brasileira de Eubiose e o Círculo Esotérico Comunhão do Pensamento. A lista seria praticamente inesgotável, visto que é aqui que encontramos a maior variedade e diversidade entre os NMRs.

Existem vários grupos isolados, sem vínculos institucionais, que se especializam nos estudos e práticas de conhecimentos ocultos e esotéricos, ou mesmo no culto e na prática de religiões antigas, como druidismo, neopaganismo, práticas xamânicas (de índios norte-americanos a tibetanos e siberianos), rituais celtas, chama violeta de Saint Germain, cultos a anjos e danças sagradas. Há os que promovem peregrinações a locais sagrados, como o Santuário de Nossa Senhora Aparecida, repetindo o famoso caminho de Santiago de Compostela, na Espanha. Outros se dedicam aos estudos das antigas civilizações perdidas, como os Anjos de Atlântida, ou mesmo daquelas de outros planetas e de seus OVNIs. Mas o mais comum são as clínicas e espaços integrados, que oferecem consultas e terapias as mais variadas, como as terapias corporais, florais, ioga, reike, biodança, herbalismo, quiroprática, cura ayurvédica, oráculos e adivinhações (como a astrologia, *I-ching*, tarô e várias outras mancias), numerologia, radiestesia, radiônica cósmica, geoterapia, cromoterapia, terapia de vidas passadas, holismo, integração craniossacral, meditação, cristais ou *feng shui*. A cada dia antigas técnicas são recuperadas e transformadas, além de outras que são simplesmente criadas pelos agentes.

Temos em conta que qualquer listagem será sempre incompleta, pois novos grupos surgem a cada dia enquanto outros acabam desaparecendo. A relação apresentada, portanto, deve ser vista apenas como mero instrumento ilustrativo, não devendo ser tomada como retrato empírico do campo religioso dos NMRs.

Levando em conta os aspectos do *ethos* do nosso tempo, ou seja, da nova consciência religiosa apontada no segundo capítulo, podemos perceber que é comum, mesmo nos grupos mais fechados e fundamentalistas, um intercâmbio bastante freqüente com todos os demais. Esse estilo Nova Era está se afirmando, aos poucos, como a maneira predominante de lidar com as novas religiosidades. Sendo assim, convém fazermos uma breve incursão por este que não é um movimento, apesar de muitas vezes ser assim chamado.

Nova Era: magia, espiritualidade e ciência

A terminologia "era" está diretamente ligada aos aspectos astrológicos. Anteriormente era denominada a era de aquário, ou seja, apontava para o fato de o planeta Terra estar entrando em uma nova era, saindo da de peixes e entrando na de aquário. Cada era astrológica dura, aproximadamente, 2.100 anos. A era de peixes representou o domínio do cristianismo e da civilização ocidental. A nova era de aquário provocaria profundas alterações no ser humano, no pensar, no agir, na maneira de se relacionar com a natureza e o sobrenatural. Tratava-se de uma denominação dada pelos próprios agentes, que insistiam em uma grande transformação em curso e a entrada em uma nova era.

A Nova Era pode ser caracterizada como um conglomerado de tendências sem textos ou líderes, nem organização estrita, nem dogmas. Para alguns autores trata-se mais de uma sensibilidade espiritual do que de um movimento espiritual estruturado.

Como conceituar Nova Era? Um único movimento (em que pese a ausência de estruturas internas) com múltiplas expressões, que abarca todas as novas espiritualidades? Ou apenas uma faceta das novas vivências espirituais da alta modernidade? É bom lembrar que mesmo as religiões tradicionais sofrem mudanças e incorporam esse novo *ethos* (espiritismo, umbanda, catolicismo e também os grupos evangélicos). Qualquer tentativa de definição e de descrição será uma redução de sua diversidade.

As novas experiências religiosas passam a ficar acessíveis a um público cada vez mais amplo, disseminando seus valores para a sociedade como um todo. Nova Era seria apenas a parte mais visível de uma cultura religiosa emergente.

A Nova Era, embora tenha se iniciado nas décadas de 1970 e 1980, tem raízes muito mais antigas. Podemos enxergar dois grandes pilares que sustentarão as correntes da Nova Era em tempos posteriores. De um lado, percebemos a influência da comunidade de Esalen, na Califórnia, desde a década de 1950. Houve, ali, a junção de um grupo de pessoas preocupado com o desenvolvimento humano. Essas pessoas estavam interessadas em religiões orientais e acreditavam em algo como "força vital" ou "grande unidade". Com a chegada de Abraham Maslow, um dos fundadores do *Journal for Humanistic Psychology*, juntou-se a psicologia humanista à espiritualidade oriental, formando o Movimento do Potencial Humano. Inclui a psicologia transpessoal e a psicologia humanista, englobando consciência gestáltica, análise transacional, senso de percepção, bioenergética, massagens, psicossíntese, psicologia humanística, meditação transcendental, controle mental e ioga, apenas para citar alguns exemplos. Nesse período, o grupo voltou-se às experiências místicas e à cultura das drogas. A partir de meados da década de 1960, a comunidade de Esalen se abriu através da oferta de um grande número de seminários e *workshops* abertos ao público mais amplo, formado por intelectuais, principalmente psicólogos. Nessas oficinas eram oferecidas novas técnicas de potencialização da mente, massagens e terapias. Logo a idéia se expandiu pela Europa. Formou-se uma rede de indivíduos que transitavam entre esses vários centros, difundindo as idéias e as técnicas. A partir daí se propagaram os ideais de autonomia individual, de natureza equilibrada, de desenvolvimento da sensibilidade (*versus* racionalidade) e de orientalização (em oposição aos valores ocidentais).

Podemos perceber que é dessa corrente que surge a tendência de desenvolvimento de uma nova ciência que fosse voltada ao ser humano e combinada com o desenvolvimento da espiritualidade. Outra característica foi a promoção de cursos e seminários. Essas marcas se mantêm até os dias atuais.

Outra fonte importante da Nova Era foram as comunidades alternativas, sendo a pioneira e a mais importante delas a Findhorm, na Escócia. A idéia era criar vários "pontos de luz" visando à difusão da "energia" espiritual do universo. O ser humano possui uma "centelha divina" no seu interior e todas as tradições místicas e religiosas conduzem a uma mesma verdade única. Surgem as explorações de novos sistemas espirituais por meio da formação de grupos que reinventavam as religiões tradicionais orientais. Há uma forte negação da sociedade ocidental, materialista e consumista, e uma busca de alternativas ecológicas. Surgem inúmeras comunidades alternativas, desde as mais fechadas, como a Rashneeshpuram, do mestre hindu Rajneesh, nos EUA, até as mais abertas. Várias delas estavam ligadas a *ufos* e esoterismos. A natureza é vista como fonte primordial, perfeita, sagrada.

Desde o decênio de 1970, começa a crescer a rede de centros holísticos, que apresentam um conjunto eclético de crenças e atividades, tornando a Nova Era visível ao grande público.

A mídia começa a divulgar suas idéias. Surgem livros, filmes e músicas que fazem enorme sucesso comercial.

Não há um caminho organizado, tampouco um movimento único. O interesse dos praticantes é alcançar a auto-realização, que se atinge por meio de práticas transformadoras da moral e da espiritualidade.

Não há lideranças fixas. A circulação das idéias e valores acontece por meio de encontros em cursos e *workshops*. O coordenador do evento, também chamado de facilitador, é quem aconselha a participação em novos encontros. Mas a opção é sempre do indivíduo. A circulação é favorecida pelo pagamento imediato, diretamente no encontro, fazendo com que não se criem vínculos permanentes. Ninguém precisa se tornar um monge e viver em um monastério, pois basta fazer um *workshop* sobre a vida monástica e tem-se a experiência. São eventos efêmeros e provisórios. Os membros não se reconhecem como definitivos ou exclusivos, mas como exploradores em busca de uma vida mais harmônica.

Para Leila Amaral, trata-se de uma cultura religiosa errante (sem lar, sem lugar).[4] Essa cultura se desenrola basicamente em serviços oferecidos pelos centros holísticos por meio de eventos sobre os mais variados assuntos como: espiritualidade, alimentação, medicina alternativa, artes, turismo, ecologia, jogos divinatórios, mitologia e outros do gênero.

Há uma valorização e superexposição do termo "holismo", visto que se busca um desenvolvimento integral dos planos mental, corporal e espiritual, sendo este último a base dos demais.

---

[4] Cf. AMARAL, L. *Carnaval da alma*.

Em termos doutrinários, juntam-se elementos advindos das religiões orientais, das sociedades esotéricas, das tradições indígenas e xamânicas e das civilizações antigas. É forte a crítica à ciência moderna e busca-se a consolidação de uma nova ciência, mais humanizada, sob novos paradigmas.

O vínculo que une os freqüentadores, uma vez que o espectro entre eles é bastante grande, é o estilo de vida comum ou, como afirmou Leila Amaral, o estilo Nova Era de lidar com o sagrado.

QUESTÕES

1. Como podemos entender a existência de NMRs com tendências fundamentalistas e outros com tendências abertas e relativistas?
2. Como podemos classificar os NMRs no Brasil?
3. O que significa Nova Era?

BIBLIOGRAFIA SUGERIDA

AMARAL, Leila. *Carnaval da alma*. Comunidade, essência e sincretismo na Nova Era. Petrópolis, Vozes, 2000.

SIQUEIRA, Deis. *As novas religiosidades no Ocidente*; Brasília, cidade mística. Brasília, UnB, 2003.

CONSIDERAÇÕES FINAIS

Procuramos analisar como as novas religiões no Brasil não podem ser entendidas apenas quanto à novidade teológica, nem quanto ao tempo de existência, mas a partir de uma análise da novidade que representam em termos de vivências e práticas. Assim, movimentos nem sempre considerados novos puderam ser analisados em conjunto a outros mais recentes, visto que ambos participam dos novos contornos religiosos da sociedade brasileira. No jogo das convivências entre as novas religiões, procuramos demonstrar como nem todas agem com o mesmo grau de tolerância e abertura diante do mundo, nem mesmo em relação à pregação de uma verdade e dogmas bem estabelecidos.

Os novos movimentos religiosos não podem ser vistos nem como ameaças às religiões estabelecidas, nem como modismos passageiros, mas a partir das mudanças em curso nas sociedades em que eles surgem e se desenvolvem. Assim, a grande novidade não está nos NMRs, mas na própria sociedade.

Esperamos que com esse breve ensaio sobre o tema das novas religiões possamos ter contribuído para diminuir as dúvidas que pesam sobre o que está acontecendo no campo religioso atual. Acreditamos que somente um conhecimento mais aprofundado sobre o assunto permitirá uma diminuição e, por que não, eliminação dos preconceitos para com os NMRs. Lembramos mais uma vez que, ao reconhecermos o outro, mesmo que seja tão distante e exótico, torna possível um conhecimento mais aprofundado de nossas crenças e de nossas posições. Afinal, a religião, a sociedade e nós mesmos estamos em constante mudança.

APÊNDICE

NOVOS MOVIMENTOS RELIGIOSOS: ALGUNS EXEMPLOS

Decidimos inserir uma lista de exemplos de NMRs visando fornecer algumas informações adicionais e situando-os em um contexto mais amplo. Porém, temos plena consciência de que qualquer listagem será sempre falha, pois o número de novas religiões no Brasil é não apenas grande como também inconstante, tendo em vista que a cada dia surgem ou desaparecem novos grupos religiosos. Além disso, ao incluirmos determinados grupos na lista, podemos fazer parecer que são estes os mais importantes e que os deixados de fora não seriam tão significativos. Não foi essa, de forma alguma, nossa intenção. Pretendemos, apenas, situar aquelas novas religiões que foram citadas ao longo do livro. Aproveitamos para incluir, além dessas, uma ou outra que porventura seja mais conhecida por meio da mídia e que poderia suscitar a curiosidade do leitor.

Ahmadiya, Associação Muçulmana. Grupo religioso muçulmano fundado em 1889 por Mirza Ghulam Ahmad Qadiani, na região do Punjab, ao norte da Índia. Mirza Ahmad recebeu uma revelação diretamente de Deus que o autorizava a se declarar o novo messias. Há seguidores da Ahmadiya em diversos países, inclusive no Ocidente e no Brasil, embora por aqui o número seja bastante reduzido.

Ananda Marga. Com sede na Índia, onde foi fundada em 1955, encontra ramificações em mais de 160 países, inclusive no Brasil. Propõe-se a divulgar uma síntese das crenças e práticas da tantra ioga tradicional. Para seus seguidores, a humanidade vive agora seus momentos finais. O surgimento de uma nova era plena de glórias é uma possibilidade, ao mesmo tempo em que temos os resquícios de um passado sem sentido. O desafio que se coloca ao ser humano é ter de escolher uma dessas duas possibilidades.

Antroposofia/Sociedade Antroposófica Universal. Não se trata de um grupo religioso propriamente dito, mas de uma sociedade com finalidade de divulgar o conhecimento original da natureza, do ser humano e do universo, ampliando aquele obtido pelo método científico convencional. Foi fundada no começo do século XX pelo austríaco Rudolf Steiner. Acreditam que o universo não é constituído apenas de matéria e energia físicas, redutíveis a processos puramente físico-químicos, mas que toda substância material é uma condensação da "substância" espiritual, não-física. No Brasil, atua no campo da educação, por meio da pedagogia Waldorf, e no da saúde, por meio de clínicas naturalistas e laboratórios de remédios e produtos naturais.

Aun Shinrikyo. Aun Shinrikyo, ou Verdade Suprema, é um grupo religioso japonês, fundado por Asahara, um jovem recém-formado que prometia salvar o Japão e o mundo da guerra e da destruição total. Para sair vitoriosa no Armagedon, caberia à Verdade Suprema preparar um novo tipo de ser humano, fundamentado na espiritualidade e no auto-aprimoramento por meio de meditação e exercícios. Há muita polêmica em torno desse grupo, com acusações, inclusive, de participações terroristas.

Em conseqüência, seus membros costumam guardar segredo de suas participações, o que dificulta o reconhecimento da real dimensão do grupo.

Barquinha. Fundada pelo frei Daniel Pereira de Mattos, em 1943, no Estado do Acre. Mattos era seguidor de Mestre Irineu, líder do Santo-Daime. Certo dia, teve uma visão na qual as portas do céu se abriam e um anjo descia com um livro de capa azul nas mãos contendo sua missão espiritual de fundar uma Igreja denominada Barquinha. Criou uma nova irmandade e começou a ganhar espaço nos grandes centros urbanos brasileiros. O elemento simbólico da barca seria responsável pela ligação daquilo que está submerso em nosso ser com o Cosmo, com a Grande Consciência. Como no Santo-Daime, a ingestão do chá *ayahuasca* é elemento central na devoção e participação mística. Segundo alguns estudiosos, é o grupo religioso daimista mais eclético, recebendo fortes influências da umbanda.

Brahma Kumaris, Organização. A Organização Brahma Kumaris foi fundada na Índia, em 1936, por Brahma Baba. A partir de uma série de revelações, criou uma organização voltada à difusão de um conhecimento profundo e integral e ao desenvolvimento espiritual de pessoas dos mais diferentes povos, culturas e religiões. Busca desenvolver, por meio de cursos e palestras, o conhecimento da raja ioga, ou ioga real. Está presente, hoje, em mais de 80 países, inclusive no Brasil.

Budismo/Novos Grupos Budistas no Ocidente/Budismo Tibetano/Zen-Budismo. Apesar de não podermos considerar o budismo no Ocidente como um NMR, muitos indivíduos, principalmente entre os que participam do circuito mais amplo e eclético da Nova Era, seguem as crenças e praticam os rituais originários de modalidades do budismo, como o tibetano e o zen-budismo. Essas pessoas costumam se apegar principalmente às práticas da meditação, formando grupos temporários sem vínculo institucional ou religioso.

Ciência Cristã. Para a Ciência Cristã, a matéria não existe. Seus seguidores crêem que toda doença só existe na mente da pessoa e que pela força do pensamento, ignorando seus sintomas, é possível curá-la sem remédios. A origem dessa seita remonta ao século XIX, nos Estados Unidos, quando uma senhora chamada Mary Baker Eddy se curou de males da coluna cervical a partir dos ensinamentos de um médico que investigava o poder de curas, tidas então por milagrosas, por meio de conhecimentos ocultos. O termo "Ciência Cristã" foi utilizado pela senhora Eddy por acreditar que os ensinamentos de Jesus poderiam ser utilizados por qualquer pessoa, embora não haja, necessariamente, uma ligação com a religião cristã. Hoje há seguidores da Ciência Cristã em vários países, inclusive no Brasil.

Cientologia/Igreja da Cientologia. A cientologia é uma corrente de pensamento filosófico-religioso mesclada a técnicas psicoterápicas, que, conforme o fundador, Lafayette Ron Hubbard (1911-1986), devem despertar no discípulo a consciência de que ele é imortal. Acreditam que por meio dessas técnicas seja possível curar todas as doenças. Consideram, ainda, seus ensinamentos como a verdadeira síntese entre a ciência e a religião. Conhecida por atrair pessoas famosas do mundo do cinema e da música, tornou-se bastante polêmica pelas denúncias de fraude e prática ilegal da medicina. Sua influência no Brasil ainda é restrita.

Círculo Esotérico da Comunhão do Pensamento. O Círculo Esotérico da Comunhão do Pensamento foi fundado em 1909, no Brasil, por Antonio Olívio Rodrigues. Tem por finalidade desenvolver ensinamentos que promovam a força interior do ser humano. Busca a integração, em um nível superior, da Ciência, da Filosofia e da Religião. Só assim, dizem, o ser humano será capaz de deixar de lado o egoísmo e a ignorância e alcançar a plena felicidade.

Druidismo. Hoje há vários grupos, tanto na Europa como no Brasil e em outros países ocidentais, que buscam restabelecer os ensinamentos do antigo povo celta, que viveu em extensas áreas da Europa antes da expansão romana. Muitas vezes chamados de neopagãos, cada grupo procura reivindicar para si o papel de guardião da antiga sabedoria. Trata-se da religião dos druidas, que adoravam inúmeros deuses ligados à natureza. No Brasil, esse movimento está intimamente ligado à expansão da Nova Era e da sacralização da natureza, e conta com três principais grupos: o Colégio Druídico do Brasil; o Colégio de Estudos Céltico-Druídicos e a Ordem Druídica Britânica.

Esoterismo. Não pode ser considerado um movimento em sentido estrito. Porém, há vários grupos, de diferentes designações, que se autoproclamam esotéricos. Em geral, esoterismo evoca a idéia de um conhecimento secreto, sugerindo o fato de que só alcançará o segredo aquele indivíduo que passar por um esforço pessoal que tornará possível alcançar os níveis cada vez mais altos da sabedoria.

Eubiose, Sociedade Brasileira de. A Sociedade Brasileira de Eubiose foi fundada em 1924 na cidade de São Lourenço, Minas Gerais. O termo "eubiose" significa "ação ou processo do bem viver". Segundo seus adeptos, um novo ciclo de revelações teve início no norte da Índia, em uma confraria budista, no final do século XIX. Acreditam na reencarnação e no processo evolutivo do ser humano, tanto material como espiritual. O fundador, Henrique José de Souza, teria recebido revelações espirituais de seres mais evoluídos indicando a existência de mundos intraterrestres. Existem hoje, no Brasil, três comunidades da eubiose, além de centros em várias cidades, onde são oferecidos cursos para os que querem conhecer os ensinamentos que buscam integrar as diferentes correntes científicas, filosóficas e religiosas. Não há dados sobre o número de adeptos, mas calcula-se que um número bastante grande de pessoas já tenha realizado seus cursos.

Exército da Salvação. Organização de cunho cristão, fundada em 1865, em Londres. Busca salvar o mundo do vício e do pecado. Hoje está presente em mais de cem países, pregando a Bíblia e atuando por meio de uma ação assistencialista intensa. No Brasil, o Exército da Salvação chegou em 1922 e desde então tem marcado sua presença em diversas cidades.

Família, A/Meninos de Deus. Movimento relativamente recente, surgido no meio *hippie* da década de 1960, na Califórnia, a partir a ação de um ex-pastor metodista, David Berg. Naquele momento de contracultura, muitos jovens se rebelaram contra as instituições, abandonando suas casas e buscando formas alternativas de convivência. David Berg, depois conhecido como Moisés David, aglutinou vários jovens adaptando o sistema religioso ao modo de vida *hippie*. Por meio da ação missionária, logo se espalharam pelos EUA e também por outros países, inclusive no Brasil. Moisés se auto-intitulava profeta e previa o fim dos Estados Unidos no ano de 1974. Foram muito criticados através de denúncias de aliciamento sexual de jovens. A mudança de nome para "A Família" foi uma tentativa de se desvencilhar da forte propaganda contrária que o grupo Meninos de Deus tinha sofrido.

Fé Bahai. A Fé Bahai autoproclama-se independente e possuidora de escrituras sagradas próprias que foram reveladas a seu fundador, Bahá'u'lláh, em 1844, na antiga Pérsia, atual Irã. Encontra-se hoje bastante difundida pelos diversos cantos do mundo, inclusive no Brasil. No seu início foi uma seita islâmica, mas posteriormente começou a pregar que todas as religiões são verdadeiras e caminhos para uma mesma verdade. Proclama a união universal, a eliminação dos preconceitos, a igualdade entre homens e mulheres, além da harmonia entre Religião, Razão e Ciência. Para seus seguidores, a revelação divina é progressiva.

Feng Shui. Não se trata de um movimento religioso, mas sim de um conjunto de crenças e práticas muito difundidas no meio Nova Era. O Feng Shui, que literalmente significa vento-água, baseia-se em uma visão milenar da antiga civilização chinesa, desenvolvida a partir de observações e experimentos com as forças da natureza. Tem como ponto de partida a intuição e percepção de nossos sentimentos em determinados ambientes.

As pessoas que estudam o Feng Shui, e que têm por hábito aplicar suas técnicas, explicam seu funcionamento por meio de forças energéticas, mesmo que estas nunca tenham sido detectadas pelos métodos científicos. Utilizam o Feng Shui para tornar os ambientes mais harmonizados e, como dizem, energizados.

Fraternidade Branca Universal. Movimento iniciático que proclama estar representado por grandes mestres orientais que de uma dimensão superior, denominada "oitavas de luz", orientam os discípulos terrestres. O branco refere-se ao halo de luz que os envolve. Procuram localizar nas diferentes religiões os mesmos elementos que comprovariam essa hierarquia de seres e transmissores de sabedoria. Colocam-se, no entanto, como os verdadeiros mensageiros dessa verdade.

Fraternidade Pax Universal. A Fraternidade Pax Universal é um grupo ocultista que se diz responsável pelo despertar da consciência humana no Terceiro Milênio. Seus membros crêem que formarão uma nova família fraterna no planeta, com o auxílio de seres superiores, denominados servidores da luz, que estabelecem contato por meio de sucessivas encarnações. Acreditam no poder da chama violeta de Saint Germain como forma de ascensão da Terra a um nível superior. Assim como a Fraternidade Branca Universal, oferece cursos de iniciação a seus adeptos.

Igreja Adventista do Sétimo Dia. Grupo que crê no segundo advento de Jesus. Surgiu nos Estados Unidos em meados do século XIX. Nem sempre é reconhecido como um NMR, mas guarda algumas características sectárias de cisão a partir de uma grande tradição religiosa. No Brasil, são bastante atuantes, principalmente nos campos da saúde e da educação.

Igreja da Unificação (do Reverendo Moon). Fundada em 1954 pelo reverendo Sun M. Moon, o grupo tem atuações em diversos países, principalmente no Brasil, onde possui uma enorme extensão de terra, no estado do Mato Grosso do Sul, denominada Fazenda Nova Esperança. Esta Igreja esteve muitas vezes envolvida em denúncias de fraude fiscal e lavagem de dinheiro. Para seus fiéis, o reverendo Moon é a pessoa que completará a missão de Jesus, considerada incompleta.

Igreja Messiânica Mundial. Criada em 1935, por Mokiti Okada, no Japão, a Igreja Messiânica Mundial chegou ao Brasil em 1955. Okada é denominado o Meishu-Sama, ou Senhor da Luz. Entre suas práticas encontra-se a cura por meio do Johrei. Seus integrantes alegam haver comprovações científicas para sua eficácia. Presente em inúmeros municípios brasileiros, possui na cidade de São Paulo, às margens da represa de Guarapiranga, um enorme templo denominado Solo Sagrado, protótipo do paraíso terrestre.

Instituto 3HO. O termo 3HO refere-se às palavras em inglês *Happy*, *Healthy* e *Holy* (feliz, saudável e sagrado). O movimento teve início em 1969 por meio de um indiano chamado Yogi Bhajan. Busca a reeducação individual e a evolução humana através do método, criado pelo mestre fundador, da kundalini ioga e da meditação. Chegou ao Brasil em 1986, promovendo cursos de ioga e oferecendo terapias alternativas de cura.

Instituto de Estudos Xamânicos Paz Geia. Fundado em 1990 pela psicóloga e terapeuta Carminha Levy, busca integrar a sabedoria do xamanismo com a psicologia e a antropologia. Acreditam que os xamãs foram os responsáveis pelo despertar da humanidade a partir da revelação de seus arquétipos mais profundos. Uma vez que nos encontramos novamente no caos, faz-se necessário um novo despertar dos xamãs para que a humanidade corrija seus rumos. O Instituto oferece cursos introdutórios e também de formação avançada de xamãs.

Instituto Nyingma do Brasil. Fundado em 1984 como um centro de estudos para pessoas de todas as origens que queiram desenvolver conhecimentos sobre a mente e o ser humano. Baseia-se nos ensinamentos Nyingma do budismo tibetano, considerados pertencentes à antiga tradição tibetana. Oferece inúmeros cursos de ioga tibetana, além de publicar livros e promover eventos.

Instituto Osho Brasil/Rajneesh. Bhagwan Shree Rajneesh foi um dos muitos gurus indianos a virem para o Ocidente a partir do movimento de contracultura da década de 1960. Bastante polêmico por suas práticas, como a meditação tântrica e seu gosto por automóveis de luxo, formou a enorme comunidade de Rajeeshpuram, no Oregon, Estados Unidos. Acabou sofrendo perseguição por sonegação fiscal tendo, inclusive, de sair do país. Após esse período conturbado, mudou seu nome para Osho. Mesmo após sua morte, em 1990, inúmeros seguidores continuam habitando as diversas comunidades espalhadas pelo mundo, sendo a principal delas, hoje, na Índia. Seus ensinamentos enfatizavam a experiência por meio da libertação de energias do corpo. Juntava ensinamentos de ioga e do budismo tântrico com elementos de terapias ocidentais. No Brasil, o número de simpatizantes é relativamente grande.

ISKCON (International Society for Krishna Consciousness)/ Movimento Hare Krishna. Movimento fundado por um guru indiano, Bhaktivedanta Swami Prabhupada, que veio ao Ocidente, inicialmente aos Estados Unidos, em 1965, justamente no meio da conturbação do movimento de contracultura. Entre os jovens angariou adeptos para formar as primeiras de muitas comunidades que estão, até hoje, espalhadas pelo mundo. Pregava o canto do mantra *hare krishna*, uma forma de elevação espiritual, libertação do carma e retorno ao Senhor Supremo, Krishna. Muito controvertida, devido a denúncias feitas por vários ex-devotos, continua até hoje a maior religião oriental sem vínculos étnicos no Brasil, aonde chegou em 1974. Em nosso país possui vários templos urbanos além de comunidades rurais, sendo a maior delas a de Nova Gokula, em Pindamonhangaba.

Jesus Freaks. Movimento jovem, de música *gospel*, que busca difundir os ensinamentos de Jesus. O termo "Jesus Freaks" foi criado por uma banda norte-americana que exaltava o fato de serem "loucos por Jesus". Esse nome seria dedicado a todas as pessoas que amam Jesus genuinamente e que dedicam suas vidas a ele. Não aceitam as drogas, o sexo antes do casamento é tido como pecado e vêem o homossexualismo como doença. No Brasil, reúnem-se virtualmente pela Internet.

Krishnamurti/Instituição Cultural Krishnamurti. Trata-se de um instituto voltado à divulgação dos ensinamentos de J. Krishnamurti, pensador indiano com formação em teosofia. Até sua morte, em 1986, dedicou seu tempo a pregar suas idéias por várias localidades da Europa, Estados Unidos e Ásia. No Brasil, o Instituto Cultural foi fundado em 1935 e até hoje é atuante.

Legião da Boa Vontade. Fundada em 1959 por Alziro Elias Davi Abraão Zarur, que a considerava criada pelo próprio Jesus. Começou no rádio, através de um programa denominado "Hora da Boa Vontade", no qual criou a "prece do copo d'água", tão utilizada hoje em dia, tanto pelos evangélicos como pelos católicos carismáticos. Após a morte de Zarur, José Paiva Neto passou a presidir a LBV. O templo da LBV em Brasília é o monumento mais visitado da capital federal. A LBV prega um ecumenismo irrestrito, juntando em seu sistema de crenças elementos de diferentes religiões.

Mahikari. A palavra *mahikari* significa "luz divina" ou "luz verdadeira". O grupo foi formado no Japão em 1959, com o nome de Sukyo Mahikari. Autoproclamam-se um movimento de renovação espiritual, fundamentado em revelações divinas. Acreditam que essas revelações, recebidas diretamente pelo fundador, Yoshikazu Okada, esclarecem os textos sagrados de todas as grandes religiões. A sede mundial fica no Japão. No Brasil há um centro na cidade de São Paulo. Por meio da imposição de mãos, acreditam estabelecer o processo de depuração da humanidade. Essa imposição transmite a *mahikari*, ou seja, a luz divina.

Meditação transcendental/Maharishi Maheshi. A meditação transcendental foi introduzida pelo guru indiano Maharishi Maheshi. Vindo no bojo dos demais mestres hindus que chegaram ao Ocidente na década de 1960, Maheshi ficou famoso por ter se tornado o guru dos Beatles. Seus adeptos acreditam ser a

MT uma técnica da ciência védica Maharishi, uma técnica de autodesenvolvimento altamente avançada, podendo ser conciliada com qualquer crença religiosa. Possui academias no Rio de Janeiro e em São Paulo, onde são oferecidos cursos de MT.

Mórmons/Igreja de Jesus Cristo dos Santos dos Últimos Dias. Fundada nos EUA por Joseph Smith, em 1828, a partir de uma revelação que recebeu diretamente de Deus dizendo que a população original dos Estados Unidos era constituída pelas tribos de Israel. Essa história teria sido escrita pelo profeta Mórmon, um dos últimos colonos israelitas. Este livro foi traduzido por J. Smith, visando restituir a pureza primitiva da Igreja. Acreditam que no final dos tempos as tribos de Israel se reencontrarão na região de Salt Lake City, lugar de uma enorme comunidade mórmon, e será estabelecido o reino de Jesus. A Igreja de Jesus Cristos dos Santos dos Últimos Dias, ou simplesmente "os mórmons", como é mais conhecida, tem ramificações em vários países, inclusive no Brasil, tendo aqui fundado a primeira missão em 1935.

Movimento do Potencial Humano/psicologia transpessoal. Movimento criado na costa oeste dos Estados Unidos, a partir da década de 1950, por meio do projeto Esalen. Nesse projeto reuniram-se pessoas que acreditavam que o ser humano utilizava apenas uma pequena parte da capacidade da mente. Abraham Maslow, um dos fundadores do *Journal for Humanistic Psychology*, procurou estabelecer ligações entre a psicologia humanista e a espiritualidade oriental, formando, então, o Movimento do Potencial Humano. Este movimento inclui a psicologia transpessoal e a psicologia humanista, englobando consciência gestáltica, análise transacional, bioenergética, massagens, psicossíntese, psicologia humanística, meditação transcendental, controle mental, ioga, entre outras técnicas. A partir de meados da década de 1960, a comunidade de Esalen se difundiu através de um grande número de seminários e *workshops* abertos ao público, contribuindo para a divulgação de seus princípios.

Movimento Humanista. O Movimento Humanista é uma organização internacional que desenvolve atividades em mais de cem países. Buscam, através da adesão de voluntários, construir uma sociedade verdadeiramente humana. Foi fundado em 1960 por Mário Rodrigues Cobos, um pensador latino-americano conhecido como Silo. Possui várias atividades e adeptos no Brasil.

Neopaganismo. O neopaganismo busca resgatar as antigas tradições pagãs da Europa pré-cristã. Não há uma unidade e os vários grupos diferem entre si, como a wicca, o druidismo e outros. Muitas vezes são confundidos com bruxaria e feitiçaria. Os principais mentores que iniciaram esse retorno aos velhos cultos foram Aleister Crowley (1875-1947) e Gerald Gardner (1884-1960). Algumas influências vêm da tradição hermética (principalmente a alquimia) e da tradição cabalística. Têm por base a crença de que formam a verdadeira religião da natureza.

Nova Acrópolis. O movimento Nova Acrópolis foi fundado na Argentina em 1957 por Jorge Angel Livraga. É um grupo ocultista e gnóstico inspirado principalmente nos escritos de Blavatsky e que mistura conceitos de pensadores antigos. Seus membros buscam um estado espiritual superior por meio de sugestivas cerimônias de iniciação.

Nova Era. Não se trata de um único movimento, mas de um espírito de uma época. O rótulo Nova Era tem sido aplicado de maneira indiscriminada. Há, na verdade, uma infinidade de grupos e indivíduos que compartilham um número bastante grande de crenças e orientações com algumas semelhanças, mas também diferentes entre si. Já chamada de religião da pós-modernidade, a Nova Era é também difícil de ser classificada como religião. Envolve desde grandes grupos religiosos até práticas terapêuticas de aparência científica ou oráculos e adivinhações.

Ocultismo. Termo criado por Eliphas Lévi (1810-1875), famoso estudioso do esoterismo. A palavra vem do latim *occulere*, que significa "esconder". Refere-se ao conhecimento mágico ou místico envolto em mistério. Não há um movimento ocultista único, e o termo acaba por se referir a diversos grupos que buscam desvelar, ou acreditam ter o poder de desvelar, a verdade que está oculta. Serve para designar um conjunto de pesquisas e práticas relativas a "ciências" como astrologia, magia, cabala e alquimia. Às vezes aparece como sinônimo de esoterismo.

Oráculos e adivinhações. Conjunto de práticas divinatórias que buscam o conhecimento daquilo que está oculto, principalmente em relação às coisas do passado ou do futuro. Na história da humanidade, nas diferentes culturas, existem inúmeros exemplos dessas artes divinatórias, como a leitura das estrelas (astrologia), das linhas da mão (quiromancia), das entranhas de animais, das folhas de chá, das cartas, entre outras.

Ordem Espiritualista Cristã/Vale do Amanhecer. O Movimento da Ordem Espiritualista Cristã foi fundado em 1969 por

Neiva Z. Chaves, ou Tia Neiva, como é mais conhecida, a partir do recebimento de "ordens espirituais de entidades superiores". Na periferia de Brasília criou o Vale do Amanhecer. No Vale, Tia Neiva desenvolveu sua própria doutrina, bastante sincrética, com cultos do catolicismo, do espiritismo kardecista e das religiões afro-brasileiras. Após a morte de Tia Neiva, ocorrida em 1986, o Vale do Amanhecer começou a se abrir a pessoas que não pertenciam necessariamente à seita, produzindo um enorme crescimento populacional. Hoje é uma das atrações turísticas do entorno de Brasília.

OVNI (Objetos Voadores Não Identificados). A partir da década de 1950 começaram a surgir, primeiramente nos EUA e depois em outros países, inclusive no Brasil, pessoas que acreditavam terem sido contatadas por habitantes de outros mundos, recebendo mensagens referentes ao bem-estar e à salvação da humanidade. Logo se formaram grupos seguidores dos ensinamentos dos contatados, que foram, então, considerados líderes espirituais, trazendo esperanças de salvação. Há vários tipos de crenças em OVNIs, mas as mais aparentadas a movimentos religiosos são aquelas que crêem ser as criaturas de outros planetas os seres superiores que conduzirão a humanidade a um desenvolvimento científico e espiritual.

Palas Athena, Centro de Estudos Filosóficos. O Centro de Estudos Filosóficos Palas Athena nasceu com o intuito de promover o potencial humano por meio da geração e divulgação de novos conhecimentos que promovam a cultura da sobrevivência. Não é um grupo religioso, mas tem servido, através de cursos e publicações, para a difusão de vários pensamentos relacionados aos NMRs.

Perfect Liberty. A Perfect Liberty nasceu no início do século XX, no Japão. Seu fundador, Tokumitsu Kanada, foi adepto da seita budista Shingon. Por meio de poderes de cura, atraiu um número cada vez maior de seguidores, mesmo depois da morte do líder. A PL chegou ao Brasil no final da década de 1950. Hoje, esta religião não se restringe apenas a japoneses e seus descendentes, mas a um público cada vez mais diversificado.

Rosa-Cruz/Fraternidade Rosacruz/Ordem Rosacruz (Amorc). São vários os grupos que se denominam fraternidades ou ordens Rosa-Cruz. São organizações místicas e esotéricas que se afirmam herdeiras de tradições antigas e que utilizam rituais associados à franco-maçonaria. As mais conhecidas no Brasil são: A Fraternidade Rosacruz e a Ordem Rosacruz (Amorc), não havendo ligações entre elas. A primeira, com sede em São Paulo, foi fundada por Max Heindel, em 1907, na Califórnia, e hoje possui vários centros espalhados por diversas cidades do País. A segunda, com sede em Curitiba, foi fundada em 1915 pelo ocultista H. Spencer Lewis, em Nova York.

Saint Germain, Chama violeta de. Hoje há vários grupos que se referem à utilização da chama violeta, trazida por Saint Germain, conhecido como o "Senhor do Sétimo Raio". Acreditam que a cor violeta tenha o poder de transmutar as forças negativas que estão em nós e à nossa volta em perfeição, paz, luz e amor universal. Essas pessoas cultuam ensinamentos atribuídos a Saint Germain, que viveu entre o final do século XVII e começo do

XVIII. A ele é atribuído o poder de preparar a humanidade para a entrada na nova era de aquário.

Santo-Daime. Fundada no começo do século XX, no Acre, pelo maranhense Raimundo Irineu Serra. Mestre Irineu, como ficou conhecido, foi trabalhar no ciclo da borracha amazônica e lá teve acesso ao conhecimento xamânico dos índios peruanos e bolivianos que utilizavam a *ayahuasca*, uma bebida alucinógena preparada pela infusão de determinadas raízes e folhas. A partir de uma visão, recebeu a incumbência de construir um trabalho espiritual no Brasil que ajudasse as pessoas através de conforto espiritual. Conforme aumentavam os casos de curas de doentes desacreditados pela medicina oficial, o movimento ganhou fama e adeptos. A partir da década de 1980, começou uma nova etapa para o Santo-Daime, com a criação de centros em grandes cidades do País. Hoje conta com 42 comunidades, principalmente nas regiões Sudeste e Sul. Porém, esse número tende a crescer, inclusive no exterior, com centros já estabelecidos nos Estados Unidos, França, Itália e Japão. Seu sistema de crenças engloba elementos cristãos e indígenas ao culto à natureza. O Santo-Daime tem se tornado cada vez mais conhecido pelos jovens dos grandes centros urbanos, que se sentem atraídos pela possibilidade de participação em um ritual xamânico em contato com a natureza, além do fato do uso da *ayahuasca* despertar enorme curiosidade.

Sathya Sai Baba, Organização. Sathya Sai Baba nasceu em 1926, no sul da Índia. Vive lá até hoje, onde recebe milhares de visitantes do mundo inteiro em sua comunidade espiritual (*ashram*). Em um discurso eclético, bem diferente das tradições hindus, procura incluir todos os diferentes credos. Sai Baba tem cada vez mais chamado a atenção de devotos ocidentais. Seus ensinamentos procuram desenvolver a bondade e o amor. No Brasil, há diversas pessoas que, tendo passado uma temporada no *ashram* indiano, procuram difundir seus ensinamentos.

Seicho-No-Ie. O movimento Seisho-No-Ie teve início no Japão, em 1930, e aos poucos ganhou conotação de religião. Trata-se de uma religião eclética que procura conciliar ensinamentos de diferentes tradições, como o cristianismo, o xintoísmo, o budismo, além de inserir elementos da Filosofia, da Psicologia e da Literatura moderna. Logo chegou ao Brasil, trazido pelos imigrantes japoneses, mas só em 1952 foi oficialmente instituído como religião. Hoje está presente nas principais cidades do País.

Soka Gakkai/Budismo Nichiren Shoshu. O movimento alega seguir os ensinamentos do monge Nichiren Shoshu, que no Japão do século XII começou a pregar aquilo que considerava ser o conhecimento essencial da mensagem de Buda. O ponto central da crença da Soka Gakkai é que qualquer indivíduo pode promover sua revolução interior pela compreensão da relação que ele estabelece com o meio em que vive. A sociedade Soka Gakkai foi fundada em 1930, e após a Segunda Guerra sofreu um crescimento bastante rápido no Japão. Logo se espalhou pelo mundo, chegando ao Brasil em 1960.

Tenrikyo. A Igreja Tenrikyo foi fundada no Brasil, em 1935, por imigrantes japoneses, na região noroeste do estado de São Paulo. Seus seguidores acreditam que o Deus Tenrikyo revelou-se através de Oyassama, Nossa Mãe, para salvar toda a humanidade. Esse Deus-Parens seria o Deus original e verdadeiro de toda a humanidade. Sendo nosso corpo um empréstimo desse Deus, cabe à religião ensinar como melhor usá-lo, por meio da orientação divina, para atingir a salvação. A sede brasileira encontra-se na cidade de Bauru, no centro do estado de São Paulo.

Teosofia/Sociedade Teosófica do Brasil. A teosofia, ou sabedoria de Deus, foi criada em 1879, na cidade de Nova York, por Helena Blavatsky, uma russa que imigrou para o Ocidente e sintetizou uma série de conhecimentos tidos por esotéricos. A Sociedade Teosófica é uma organização mundial hoje com sede na Índia. A ST espalhou-se pelo mundo inteiro desde sua fundação. No Brasil, tem a Seção Nacional sediada atualmente em Brasília, possuindo ramificações em vários estados do País.

Testemunhas de Jeová. O movimento religioso Testemunhas de Jeová assume-se como uma religião cristã. Crêem que praticam o cristianismo mais primitivo. Teve início na década de 1870, na Pensilvânia, EUA. Grupo polêmico por sua visão fundamentalista, possui muitos adeptos no Brasil.

Umbanda Esotérica. Há vários grupos no Brasil que se autodenominam umbanda esotérica. Em comum, têm a característica de verem a umbanda como a matriz da grande sabedoria esotérica e guardiã das verdades originais do ser humano. Em geral, elaboram sincretismos variados e incorporam em suas práticas procedimentos e concepções advindos de diferentes grupos da denominada Nova Era.

Umbandaime. Trata-se de uma linha surgida no interior do Santo-Daime que ganha, cada vez mais, autonomia. Procura promover uma junção dos ensinamentos e doutrinas do daime aos elementos das religiões afro-brasileiras.

União do Vegetal. Fundada em 1961 por José Gabriel da Costa, a União do Vegetal prega a utilização da *ayahuasca* (bebida alucinógena preparada pela infusão de uma raiz e uma folha e originária dos índios da Amazônia peruana) como forma de atingir um estado de iluminação. Segundo seus seguidores, foi o rei Salomão, personagem bíblico, quem descobriu o vegetal (nome dado à bebida) e passou esse conhecimento a um homem chamado Caiano. José Gabriel da Costa seria, então, uma reencarnação desse Caiano. A União do Vegetal, com milhares de seguidores e presente em praticamente todos os grandes centros urbanos do País, é talvez o maior dos movimentos que utilizam a *ayahuasca*, embora menos conhecido devido ao seu isolamento.

Wicca. O nome advém de *wic*, radical anglo-saxônico relacionado com sabedoria, magia e religião. Dele surgem *witchcraft*, "bruxaria", e *witch*, "bruxo ou bruxa". O termo foi trazido ao conhecimento mais amplo em 1951, quando Gerald Gardner declarou-se membro participante de uma ordem de bruxos ligada ao antigo paganismo europeu. De acordo com ele, a Wicca é uma religião muito antiga que preserva o culto à deusa e ao sagrado feminino. A Wicca é praticada por milhares de adeptos em todo o mundo, basicamente jovens que entram em contato com seus princípios pela Internet. Em suas crenças aparece um forte componente de adoração à natureza, estabelecendo ligações com mitologias tribais. Dizem fazer o resgate de uma religião que se perdeu; uma religião que busca despertar o poder mágico.

Xamanismo/Neoxamanismo. O xamanismo é um termo originário da Sibéria e que, por meio da antropologia, acabou por designar todas as práticas de cura realizadas por um feiticeiro (o xamã) que ao entrar em um estado alterado de consciência, geralmente provocado pela ingestão de substâncias alucinógenas, tem o poder de curar seus pacientes. Tais especialistas são encontrados em todos os cantos do mundo. O neoxamanismo, por sua vez, está relacionado às crenças da Nova Era e é praticado nos centros urbanos por pessoas que não têm, necessariamente, ligação com as tradições tribais. Como em várias outras práticas da Nova Era, são misturados elementos variados que, isolados de seu contexto original, ganham novas significações entre seus novos praticantes.

BIBLIOGRAFIA

ALMEIDA, João Carlos. *Nova era e fé cristã*. São Paulo, Loyola, 1997.

AMARAL, Leila et al. *Nova Era;* um desafio para os cristãos. São Paulo, Paulinas, 1994.

____. *Carnaval da alma;* comunidade, essência e sincretismo na Nova Era. Petrópolis,Vozes, 2000.

BARKER, Eileen. New religious movements: their incidence and significance. In: WILSON, Bryan & CRESSWELL, Jamie., eds. *New religious movements;* challenge and response. London, Routledge, 1999. pp. 15-31.

BECKFORD, James. A. *Cult controversies.* London, Tavistock, 1985.

BELLAH, Robert. A nova consciência religiosa e a crise da modernidade. *Religião e Sociedade, 13* (2): 18-37, 1986.

BERGER, Peter L. *Um rumor de anjos;* a sociedade moderna e a redescoberta do sobrenatural. 2. ed. Petrópolis, Vozes, 1997.

BRANDÃO, Carlos Rodrigues. A crise das instituições tradicionais produtoras de sentido. In: MOREIRA, Alberto & ZICMAN, Reneé, orgs. *Misticismo e novas religiões.* Petrópolis, Vozes, 1994. pp. 23-41.

CAMPBELL, Colin. A orientalização do Ocidente: reflexões sobre uma nova teodicéia para um novo milênio. *Religião e Sociedade, 18* (1), 1997.

CAMURÇA, Marcelo Ayres. Secularização e reencantamento: a emergência dos novos movimentos religiosos. *BIB - Boletim Informativo de Ciências Sociais,* Rio de Janeiro, *56:* 55-69, 2003,

CAROZZI, Maria Julia. Tendências no estudo dos novos movimentos religiosos na América: os últimos 20 anos. *BIB - Boletim Informativo de Ciências Sociais,* Rio de Janeiro, *37:* 61-78, 1994.

CARVALHO, José Jorge. O encontro de velhas e novas religiões: esboço de uma teoria dos estilos de espiritualidade. In: MOREIRA, Alberto & ZICMAN, Reneé, orgs. *Misticismo e novas religiões*. Petrópolis, Vozes, 1994. pp. 67-98.

CHAMPION, Françoise. Religiosidade flutuante, ecletismo e sincretismos. In: DELUMEAU, J. *As grandes religiões do mundo*. Lisboa, Presença, 1997.

_____. Les sociologues de la post-modernité religieuse et la nébuleuse mystique-ésotérique. *Archives de Sciences Sociales de Religions*, 67 (1), 1989.

CHRYSSIDES, George D. *Exploring new religions*. London, Cassell, 1999.

CNBB. *A Igreja Católica diante do pluralismo religioso no Brasil*. São Paulo, Paulus, 1994. v. III. (Col. Estudos da CNBB, 71.)

FISHER, Mary Pat. *Religion in the Twenty-first Century*. London, Routledge, 1999.

FONSECA, Alexandre Brasil. Nova Era evangélica, confissão positiva e o crescimento dos sem religião. *Numem*, Juiz de Fora, 3 (2): 63-90.

GUERRIERO, Silas. A visibilidade das novas religiões no Brasil. In: SOUZA, B. M. de & MARTINO, L. M. S., orgs. *Sociologia da religião e mudança social*. São Paulo, Paulus, 2004.

_____. O movimento Hare Krishna no Brasil: uma Interpretação da cultura védica na Sociedade Ocidental. *Rever*, 1: 44-56, janeiro 2001.

_____. L'ISKCON au Brésil: la transformation occidentale d'une religion védique. *Social Compass*, 47 (2): 241-251, 2000.

HERVIEU-LÉGER, Danièle. Representam os surtos emocionais contemporâneos o fim da secularização ou o fim da religião? *Religião e Sociedade*, 18 (1): 31-47, 1997.

JUNGBLUT, Airton Luiz. O evangelho *new age*: sobre a gnose evangélica no Brasil na visão de seus detratores. Texto apresentado nas XIII Jornadas de Alternativas Religiosas. Porto Alegre, PUC-RS, 2005. (Versão em CD-ROM.)

KOLLING, João Inácio. *Misticismo e Nova Era*. Petrópolis, Vozes, 1995.

KÜNG, Hans. *Projeto de ética mundial*. Uma moral ecumênica em vista da sobrevivência humana. São Paulo, Paulinas, 1993.

LANDIN, Leilah. Sinais dos tempos. Igrejas e seitas no Brasil. Rio de Janeiro, *Cadernos do Iser, 21.* 1989.

MAGNANI, José Guilherme. *Mystica urbe*; um estudo antropológico sobre o circuito neo-esotérico na metrópole. São Paulo, Studio Nobel, 1999.

MELTON, J. Gordon & MOORE, Robert, L. *The cult experience*; responding to the new religious pluralism. New York, Pilgrim Press, 1982.

MORADELA, José. *As seitas hoje*; novos movimentos religiosos. São Paulo, Paulus, 1994.

PIERUCCI, Antônio Flávio. "Bye, bye, Brasil" – o declínio das religiões tradicionais no censo 2000. *Estudos Avançados, 18* (52): 17-28, 2004.

SANCHIS, Pierre. O campo religioso contemporâneo no Brasil. In: ORO, A. P. & STEIL, C. A., orgs. *Globalização e religião*. Petrópolis, Vozes, 1997. pp. 103-115.

SIQUEIRA, Deis. *As novas religiosidades no Ocidente*; Brasília, cidade mística. Brasília, UnB, 2003.

STARK, Rodney & BAINBRIDGE, William S. *A theory of religion*. New York, Peter Lang, 1987.

TROELTSCH, Ernest. Igrejas e seitas. *Religião e Sociedade, 14* (3): 134-144, 1987.

WEBER, Max. *A ética protestante e o "espírito" do capitalismo*. São Paulo, Companhia das Letras, 2004.

WILSON, Bryan. *Sociología de las sectas religiosas*. Madrid, Guadarrama, 1970.

Impresso na gráfica da
Pia Sociedade Filhas de São Paulo
Via Raposo Tavares, km 19,145
05577-300 - São Paulo, SP - Brasil - 2006